교회사회복지와 사회혁신

교회사회복지와 사회혁신

# 교회사회복지와 사회혁신

**초판 1쇄 찍은 날** · 2012년 4월 20일 | **펴낸 날** · 2012년 4월 25일
**엮은이** · 해피월드복지재단 | **펴낸이** · 김승태
**등록번호** · 제2-1349호(1992. 3. 31.) | **펴낸 곳** · 예영커뮤니케이션
**주소** · (136-825) 서울 성북구 성북1동 179-56 | **홈페이지** www.jeyoung.com
**출판사업부** · T. (02)766-8931 F. (02)766-8934 e-mail: edit1@jeyoung.com
**출판유통사업부** · T. (02)766-7912 F. (02)766-8934 e-mail: sales@jeyoung.com



ISBN 978-89-8350-794-5 (03230)

**값 10,000원**

# 교회사회복지와 사회혁신

해피월드복지재단 편

박종삼 | 성석환 | 조성돈 | 황의순 | 이호경

예영커뮤니케이션

# 서론

　요즈음 복지가 우리나라에서 최대의 화두입니다. 야당도, 여당도, 진보도, 보수도 복지를 외치고 있습니다. 과거에 선심성 복지로 인하여 국가 재정위기를 겪은 남미 여러 나라의 사례를 들어 우려를 표명하는 목소리가 높습니다. 또한 현재 진행중인 남유럽 그리스, 이탈리아, 스페인의 재정위기를 예로 들면서 우리나라도 선심성 복지 때문에 이런 위기를 당할 수 있다고 우려하고 있습니다.

　현재 우리나라의 정치인들과, 각 정당에서 내놓는 복지 공약에는 많은 문제가 있는 것이 분명합니다. 그러나 우리나라의 복지 수준은 아직도 유아기를 갓 넘은 정도에 머물러 있다는 사실을 간과하면 안 될 것입니다.

　복지문제가 당리당략에 이용되거나 정치논리에 의해 왜곡되는 것은 막아야 하지만 이런 문제 때문에 마음의 문을 닫고 복지를 외면하는 것은 더 큰 문제라고 생각합니다. 더욱이 이러한 때일수록 교회는 사회복지 문제에 본질적인 접근이 필요하다고 사료됩니다.

먼저 사회복지에 대한 교회의 회복입니다. 교회 성장률이 떨어지는 2000년대에 들어와서 각 교회에서 문화선교와 사회복지 프로그램이 활발하게 전개되고 있습니다. 그러나 그 성공적인 운영의 사례는 그다지 많지 않습니다. 그 원인은 교회들이 전도의 방편으로 사회복지를 펼치기 때문에 진정성이 보이지 않음으로 인하여 지역사회에 깊이 뿌리내리지 못하고 있다는 점을 인식해야 합니다.

지역사회의 필요에 중점을 두고 사회복지를 전개할 때 진정성을 느낀 지역주민들이 교회를 친구로 여기게 될 것이고 따라서 자연스럽게 전도의 문이 열리게 될 것입니다.

그 다음, 사회복지가 교회의 본질적 요소라는 인식을 가져야 합니다. 우리 교회는 개척할 때부터 다양한 프로그램을 통하여 지역주민들에게 다가갔습니다. 그로 인하여 지역사회 주민들은 가까이 다가왔으나 교인들 중에 "목사님은 왜 비본질적인 사역에 에너지를 쏟으며 우리를 헷갈리게 하시오?"라고 항의하는 교인들이 있었습니다. 그 교인들은 초신자들이 아니라 신앙생활을 오래한 사람들이었습니다. 그때 깨달은 것은 한국교회가 세상을 잃어버리고 교회 안에 갇혀 버린 교회가 되었다는 것입니다. 예수님께서 마태복음 5장 13-16절에서 말씀하시기를 "너희는 세상의 소금, 세상의 빛이라."라고 말씀하셨습니다. 등잔에 불을 켰으면 등경 위에 두고 세상을 밝혀야 하는데 등경 아래에 놓고 교회 안에만 빛을 비추고 있는 것과 같이 한국교회가 봉사에 대해 잘못된 이해를 하고 있다는 것을 알았습니다.

교회의 사회복지는 비본질적인 일이 아니라 본질적인 일이라는 사실을 예수님의 사역을 보면 알 수 있습니다. 예수님은 병든 자를 치유하고, 가난한 자, 소외된 자의 친구가 되셨습니다. 그리고 모든 인간들의 영혼의 가난을 위해 복음을 전하셨습니다. 이러한 인식의 변화가 한국교회를 일으킬 것입니다.

한국교회를 새롭게 하는 일에 거룩한빛광성교회를 사용하시는 하나님께 감사드립니다.


정성진 (거룩한빛광성교회 담임목사, 해피월드복지재단 이사장)

# | 차 례 |

# 제4장 거룩한빛광성교회 사회선교 평가

조성돈(실천신학대학원대학 교수, 목회사회학연구소 소장)



# 제5장 사회복지 사각지대와 실업문제 대응전략
## −해피월드복지재단을 중심으로−

황의순(사회복지법인 해피월드복지재단 상임이사)

# 제1장

# 교회사회복지와 사회적 혁신

# Chapter 01

# 교회사회복지와 사회적 혁신
## (Social Innovation)

박종삼 목사
(전 월드비전 회장, 글로벌사회봉사연구소 소장)

## 1. 서론

'교회사회복지와 사회적 혁신(Social Innovation)'이라는 주제는 지역사회 내의 '가난한 이웃'과 사회의 도움을 필요로 하는 가정이나 개인에게 교회를 비롯한 사회복지 관련단체나 기관(예: 지방자치기구, 시민사회, 기업, 은행, 교육기관, 전문사회복지기관과 NGOs, 종교기관 등)들이 가난의 문제해결에 대한 사회복지적 접근을 함으로써, 더 많은 수혜자들에게 최고의 사회복지서비스를 제공할 수 있다는 신념에서 창출된 주제이다.

지역복지에 관련된 지역의 모든 기관들이 공통의 지역사회복지 문

제들(빈곤가정, 아동, 청소년, 노인, 장애인, 실직자 등)을 공통된 사회
문제(Our Common Community Social Problems)로 인식하고, 이것
을 지역사회복지 관련단체와 기관의 공통의 책임(Our Common
Responsibility)으로 인정하고 함께 유기적 관계를 갖고 노력하자는
의도이다. 이를 위해서는 각 단체나 기관의 사회복지 봉사제도, 기관,
운영, 복지자원 동원과 배치, 인력 등에 관한 의미있는 기능적 관계형
성과 운영을 주관해 나갈 수 있는 새로운 연합체나 협의회, 공동기구를
필요로 한다. 이와 같은 새로운 협력기구의 구성과 효과적 협력운영으
로 지역사회복지의 효율성을 창출해 내는 과정을 '사회적 혁신 또는
쇄신(Social Innovation)'의 기본개념으로 이해할 수 있다.

섬김과 나눔의 신앙공동체로 구성된 '교회'의 본질 중의 하나는 지
역사회와 신앙공동체 안에서 복음에 입각한 '생명봉사공동체'를 형성
하여 '나눔과 섬김'의 사회봉사 사역을 먼저 지역사회에서 실천하는
것이다. 곧 하나님의 사랑을 복음적으로 '선포'하고, 선포된 복음을 실
천하는 것이 교회와 교인들의 중요한 사역이 되어야 한다.

그런데 역사적으로 나타난 교회의 '사회사역(사회봉사)'을 살펴보
면, 교회사회봉사의 기능이 변질내지 왜곡되었거나 쇠퇴되어진 듯한
모습을 보여 주고 있다. 교회가 가지고 있는 기존의 기독교봉사이념,
봉사제도와 기구, 전문 기독교봉사인력 등으로는 현대 지역사회가 봉
착하고 있는 지역주민 특히 '가난한 사람들'의 생명·복지 문제에 효
과적으로 대처해 나갈 수 없게 되었다. 이러한 '부족한' 사회복지현상
은 지방정부나 시민사회, 영리기업, 전문사회복지기관들이 공통으로
부딪친 문제이다.

교회를 비롯한 각 사회복지관련기구 및 단체들이 공통으로 경험하

는 사실은 지역사회 내의 '복지수요'에 비하여 '복지공급'의 능력이 심각하게 제한되어 지역의 취약계층이 받아야 할 복지서비스를 제공해 줄 수 없는 난제에 봉착하게 된 것이다. 그래서 지역사회복지를 위한 효율적인 복지자원 동원과 배치, 전문복지인력개발, 복지서비스 제공 및 운영 등을 위한 지역사회 내의 '사회적 혁신운동'에 대해 교회는 '어떻게 참여할 수 있겠는가?'라는 질문을 던지게 되었다.

구체적으로 효율적인 지역사회복지활동을 전개시키기 위해 교회가 '사회적 혁신'에 참여하게 될 때, 교회의 본질적인 양대 선교사명인 '전도'와 '봉사'를 주축으로 교회사회선교의 정체성(Identity), 비전(Vision), 사명(Mission), 목적과 목표(Object and Goals), 정책(Policy), 전략(Strategies), 사회적 책무성(Accountability), 투명성(Transparency), 평가(Evaluation)등에서 심각한 문제에 봉착하게 되리라고 예측된다. 그러므로 교회가 '사회적 혁신'에 참가하기 전에 이러한 문제를 중심으로 논의가 있어야 한다. 본 포럼의 핵심적인 주제가 여기에 있다고 본다.

본 포럼의 필요성에 대해 다음 네 가지를 포럼 조직위원회에서 제시하고 있다. 첫째, 교회가 지역사회에 어떻게 결합하고 있는가? 둘째, 미래사회를 위한 교계의 기독사회복지에 대한 합의를 어떻게 도출할 것인가? 셋째, 사회복지실천을 통한 건강한 교회상을 재조명함으로써 미래지향적 방안을 어떻게 모색할 것인가? 넷째, 관련 단체 간 지역 중심의 기독교사회복지실천 네트워크를 어떻게 구축할 것인가?

'사회적 혁신'이라는 새로운 교회사회복지의 패러다임(Paradigm: 한 시대 사람의 견해나 사고를 지배하고 있는 이론적 틀이나 개념의 집합체로 문제를 보는 시각: 인식론적 틀을 의미함)을 갖고 구체적인 네

개의 사례발표들(곧, 유럽교회의 예, 실업문제, '거룩한빛광성교회 사례', 고령화 문제)은 한국교회의 사회봉사 사역이 지역사회 속에 파고 들어가 가난한 이웃들과 함께 걸어가면서 '빛', '소금', '누룩', '겨자씨' 등의 영적 사역도 성취할 수 있으리라고 본다. 교회 내의 '전도' 냐 '봉사' 냐 하는 20세기까지의 논쟁을 종식시킬 수도 있는 '사회 속의 교회봉사사역'을 통해 교회의 양대 선교사명(전도와 봉사)은 동시에 이루어질 수 있다고 본다. 예수님은 이 문제에 대한 답으로 "이같이 너희 빛이 사람 앞에 비치게 하여 그들로 너희 착한 행실을 보고 하늘에 계신 너희 아버지께 영광을 돌리게 하라."(마 5:16)고  말씀하고 계신다.

## 2. 교회사회복지의 개념과 교회의 사회적 혁신

### 1) 교회의 사회적 혁신

세계 교회사에서 그 유례를 보기 힘든 교회의 폭발적 성장이 한국에서 1970년대에 시작하여 1990년대까지 진행되어 세계 교회를 깜짝 놀라게 했다. 그러나 1990년대에 이르면서 나타난 교회성장의 둔화는 한국교회 지도자들에게 커다란 도전적 과제를 제시하였다. 이 둔화 문제에 대한 이해를 위해 각종 연구활동이나 세미나가 선교신학적, 종교사회학적, 성경신학적, 종교학적 접근론으로 심도 있게 진행되었다.

성장둔화의 요인들을 극명함에 있어서, 교회 내 요인들로; (1) 교회 정체성의 약화, (2) 영성의 쇠퇴, (3) 자기중심적 교회, (4) 교회의 세속화, (5) 내실적 성장에 대한 신학적 정립 부재, (6) 기업식 교회운영, (7) 십자가의 부활에 관한 메시지 결여, (8) 은둔공동체, (9) 교회 간의 단절과 생존경쟁, (10) 교회 내 신분계층화, (11) 권징과 권위를 상실한 교회, (12) 세상문화에 뒤쳐지는 비전 없는 교회, (13) 말씀궤도를 벗어난 감정적 부흥회, (14) 기도원 운동의 영적변질, (15) 신학교 설립으로 인한 목회자의 자질결핍, (16) 선교단체의 선교열정 냉각 및 도덕성 쇠퇴, (17) 명분 없는 교단분열과 반목질시, (18) 개교회의 분열과 불화, (19) 세속주의 물결, (20) 왜곡된 신학 등을 요인들로 제기하고 있다.

대 사회적 요인들로서는; (1) 예언자적 역할외면, (2) 사회적 신뢰실추, (3) 도시빈민 선교정책 부재, (4) 사이비종파로 인한 불신초래 등을 제시하고 있다(한국교회 성장둔화 분석과 대책, 한국기독교문화연구소 편, 숭실대학교출판부, 1998).

한국사회를 향한 교회의 태도에 대한 제안으로; (1) 예수 그리스도의 교회, (2) 영적 리더, (3) 정신적 가치관 정립, (4) 사회봉사를 실천하는 교회, (5) 사회봉사, (6) 민족화해의 교회, (7) 연합하고 하나되는 교회, (8) 전통종교와 평화로운 공존, (9) 해외선교 지속, (10) 종말론적 삶 등이 있다.

상기한 문제의 요인들과 대안들의 제안을 보면, 오늘 포럼의 주제인 '교회사회복지와 사회적 혁신'의 패러다임을 1980년대에 심각하게 활용했더라면 이러한 교회간의 갈등과 성장 둔화는 사전에 예방할 수 있었으리라 하는 아쉬움을 갖게 된다.

그런데 상기한 한국교회가 가지고 있는 문제요인들 중 대부분이 아직도 한국교회 내에 잠재하고 있다. 그러므로 이런 문제의 요인들을 지니고 있는 교회가 지역사회로 진출하여 사회적 혁신의 과정을 잘 감당할 수 있는가의 질문에는 많은 우려를 지니고 있다. 그런 측면에서 먼저 교회 간 관계에서 사회적 혁신을 통한 교회혁신(Church Innovation)이 선행되어야 한다고 본다.

근대 한국교회가 나타내는 문제들은 사회문제로까지 비화되고 있다. 일부이기는 하지만 한국교회 안에서 제2의 종교혁명이 일어나야 한다고 주장하는 지도자도 있다. 지난 16세기에 독일을 중심으로 일어났던 루터(1483-1546)의 종교개혁(Reformation)의 교훈을 한국교회가 되새겨 보아야 할 것이다.

## 2) 기독교사회복지의 개념과 그 유사개념

'전도와 봉사'라는 선교신학의 실천적 측면에서 교회사회봉사에 관한 여러 가지 개념과 용어들이 혼재되어 사용되고 있다. 지역사회 내에서 다른 기관들과 공동의 협조적 사회복지활동을 전개하게 될 때, 정확한 '개념의 단어들'을 조심스럽게 취사선택하여 소통(Communication)에 사용하는 것은 매우 중요하다. 또한 기독교 공동체들 간, 교회들 간의 사회복지문제에 대한 논의에서도 중요한 의미를 지닌다고 본다.

사회적 혁신을 사회운동의 하나로 본다면, 이와 관련된 교회의 용어선택과 사용은 핵심적인 과제라고 본다. 이런 맥락에서 참고로 그 유사개념들의 감별적 이해를 돕기 위해서 간략하게 소개한다.

① 기독교사회복지(Christian Social Welfare)
사회문제에 대한 해결이 국가와 사회의 책임 하에 이루어져 국민들

의 행복이 보장되어져야 한다는 사회적 이념이 '사회복지'라고 할 때, 기독교사회복지는 기독교적 이념(예: 하나님 사랑과 이웃 사랑)을 통하여 사회복지를 이루는 것으로 이해될 수 있다.

② 기독교사회사업(Christian Social Work)

기독교적 신념과 가치관을 사회 속에서 전문적으로 실천하는 사회사업을 말한다. 기독교사회사업은 교회사회사업보다 폭넓은 개념이며 그 가치나 목적에서 고유성을 지닌다.

③ 기독교사회봉사(Christian Social Service)

기독교사회봉사는 기독교적 신념과 가치를 지닌 교회, 기독교단체나 기관, 개인들이 주로 사회문제 또는 사회복지문제를 해결하기 위한 교회 내외의 사회봉사를 의미한다.

④ 교회사회봉사(Christian Social Service)

교인들이 자신들이 믿고 있는 신앙을 사회를 향하여 교회기관을 중심으로 봉사를 전개할 때, 이를 '교회사회봉사'라고 한다. 사회봉사의 종류는 구호·구제(Relief), 개발(Development), 옹호(Advocacy) 등이다.

⑤ 기독교사회목회(Christian Social Ministry)

교회의 목회자나 여러 사역자들이 교인들과 그들의 가정뿐만 아니라 지역사회를 교회의 목회대상으로 삼고 도와주는 것으로 이해한다. 교회의 독특한 봉사문화를 기독교적인 용어로 '목회(Ministry)'라고 칭한다.

⑥ 사회선교(Social Mission)

사회선교는 교회의 사회봉사(사회사업, 사회복지 등)를 선교적 차원에서 이해하려는 개념으로 선교신학에서 강한 영향을 받은 개념이다. 지금까지 봉사를 전도의 도구(방법)로 이해하여 온 것에 대하여 전도와 봉사는 각각의 고유한 복음적 핵심영역을 지니고 있다. 전도는 '복음의 선포'이고, 봉사는 '선포된 복음의 실천'으로 하나님 사랑(전도)과 이웃 사랑(봉사)이 유기적으로 결합된 개념(제일 큰 계명: 마 12:29-31)이다.

이 외에도 '디아코니아선교', '기독교사회운동', '교회자원봉사' 등 여러 유사개념들이 있음으로 이를 잘 분별하여 사용할 필요가 있다.

# 3. 한국의 교회복지활동의 유형들이 사회혁신에 미치는 영향

## 1) 교회사회복지활동의 유형

우리 나라의 교회사회복지의 유형은 대체로 '복지의 주체'와 '복지의 객체'라는 준거에서 주로 세 가지로 사용되는데 사회복지이론가들 중에는 편리상 Model A, Model B, Model C로 구분한다(박종삼, 1970).

① Model A: 교회(건물, 재원, 인력, 운영 등)를 중심으로 교인들과 지역주민들을 위해 제공되는 사회복지 서비스(아동, 청소년, 노인복지 등)이다.

② Model B: 교회가 자체의 복지기관(복지재단, 복지관, 노인요양원, 어린이집 및 탁아사업 등)을 가지고 교회 내외의 지역주민에게 정기적으로 복지서비스를 제공하는 모델이다.

③ Model C: 교회기관이나 교인들이 지역사회의 복지기관 프로그램에 참여하여 사회봉사활동을 전개하는 모델이다.

대형교회와 중형교회는 세 가지 모델 중 두 개 또는 그 이상의 모델을 함께 활용하는 경우도 있다(예: 거룩한빛광성교회, 사랑의교회, 영락교회, 순복음교회 등).

지역사회에서 사회적혁신에 어떤 교회가 협력하여 참여하려고 할 때, 교회가 지역사회에 공헌할 수 있는 범위나 방향, 프로그램 등을 상기한 Model A.B.C.유형을 활용하는 것은 매우 현실적이고 실용적이라고 본다.

## 2) 교회사회복지의 운영유형과 사회적 혁신

교회의 사회복지운영 유형은 주로 세 가지가 있는데 의존(Dependent), 독립(Independent), 상호의존(Interdependent)이다. 이런 운영은 지역사회 속에서 '사회적 혁신'을 논하는데 중요한 의미를 지닌다. 이것은 복지활동의 주체가 누구인가를 결정하는 중요한 단서가 된다.

① 의존적 모델(Dependent Model)

교회의 사회복지의 중심적 활동들이 교회 밖의 기관에 의존하여 이루어지는 운영유형이다. 예를 들어서 노인복지관을 시로부터 위탁받아서 운영하는 경우이다. 운영규칙, 인건비, 프로그램비, 감사와 평가 등 복지재원을 외부에 의존하고 있는 유형이다. 정부로 부터 위탁받은 복지관은 인건비와 사회복지프로그램비를 정부재원에 의존하는 경우가 있고, 때로는 정부재원 이외의 교회나 재단에서 복지서비스 재원을 출연하는 경우가 있다. 이때, 복지의 주체가 "정부인가? 또는 교회인가?"라는 문제가 제기되기도 한다. 중요한 것은 복지의 주체가 누구냐 하는 문제를 논하기보다, 복지의 객체인 사회복지 수혜자(가난한 이웃)를 돕기 위해서 의존적 모델을 선택할 필요가 있는 경우가 있다는 것이다.

② 독립적 모델(Independent Model)

사회복지서비스 제공을 다른 기관의 도움이 없이 한 기관(예: 교회)이 독립적으로 수행하는 모델이다. 많은 중대형 교회의 사회봉사 프로그램이 이 독립적 모델을 사용한다. 많은 장점이 있는 반면 부정적인 측면도 있다. 가난한 이웃을 섬김에 있어서 제한된 복지예산만 가지고서는 수혜자의 수를 예산에 맞게 줄여야 하므로, 사회복지서비스에서 제외되는 가난한 사람도 있게 된다. 이런 특정한 기관들이 독립적으로 운영함과 동시에 타 복지 관련기관(예: 영리기관, 국제봉사클럽 등)에 의존하여 복지 가용자금을 증액시키는 모델도 생각해야 한다.

③ 상호의존적 모델(Interdependent Model)

두 개 또는 그 이상의 복지 관련기관이나 단체들이 각 기관의 독립성을 유지하면서 복지서비스의 활동을 증대시키고, 최고의 결과를 기대할 때 이 모델을 활용한다. '사회적 혁신' 의 경우 '상호의존적 모델' 을 원칙으로 하되 지역사회복지협의체에서 어떤 프로그램을 독립적으로 운영할 수 있도록 조치를 취하는 경우가 있다. 이 모델에서는 양 기관 또는 여러 기관들의 독립성과 연계성을 동시에 원하기 때문에 사회복지 문제의 종류에 따라 융통성 있게 대체할 수 있다. 두 기관의 장점들이 하나의 프로젝트로 연계될 때 시너지(Synergy) 효과를 기대할 수 있다.

이상의 사회복지 운영유형 Model A. B. C.(의존, 독립, 상호의존 유형) 간의 여러 형태의 조합은 사회적 혁신 과정에서 분명히 고려되어져야 할 사항이라고 본다.

### 3) 수혜자 중심의 사회복지정책

사회복지 객체(가난한 이웃, 취약계층 등) 지향적 사회복지정책 수립과 사회복지 주체(정부, 교회, 사회복지전문기관, 기업, 시민사회 등) 중심의 봉사정책의 수립은 지역사회복지의 정책수립과 프로그램개발에 많은 문제를 제기한다.

정부기관, 기업, 언론기관, 교회 등이 지역사회 복지문제를 함께 해결하기 위해 각 기관들은 자기 나름대로의 상이한 숨은 목적을 가지고 'Innovation Table(지역사회회의장)' 에 모이게 된다. 대형기업, 정부 기관, 대형교회, 국제봉사클럽(예: Rotary, Lions 등)과 같은 사회봉사에 대한 목적, 전략, 운영 등에 관한 의미 있는 조정이란 결코 쉽지 않다. 사회적 혁신의 난제는 지역사회 내의 독립적 봉사기관들 간에 어떻게 그들의 독립적 목적이나 전략 등을 보장해 주며 동시에 통치·통치기구(Governance)와 상호기능 간의 '일치(Alignment)'를 성취할 수 있느냐가 핵심적 과제이다.

가장 강력하고 유효한 '정책적 수립방향' 은 새로 생기는 '협의체' 의 정책이 수혜자 중심적 봉사정책으로 나가는 것이다. 이를 위해서 수혜자의 복지욕구를 어떻게 충족시킬 수 있는가라는 공동의 목적적 가치에 주목하여 일치(Alignment)에 힘쓰는 사회적혁신을 기획할 수 있다. 즉, 각 참여기관의 다양한 목적들과 방법들을 가능한 한 많이 수렴할 수 있는 높은 차원의 전략적 가치가 수립되어져야 할 것이다.

"교회가 교회의 복음적 정체성을 간직하면서도 지역사회 내 상이한 기관들과 공동의 지역복지사업을 창의성과 융통성, 영성과 탁월성을 갖고 접근할 수 있겠는가?"라는 질문에 대해서는 교회지도자들의 뜻 있는 모임에서 그 답을 도출해 낼 수 있으리라 본다.

## 4. 사회적 혁신(Social Innovation)의 사회복지적 이해와 지역교회

### 1)지역사회복지에서 "사회적 혁신"의 패러다임을 사용하게 된 배경

우리 사회는 현재 거대한 전환기를 겪고 있다. 저출산 · 고령화가 매우 빠르고 큰 속도로 진행되고 있고, 기후변화로 인한 질병과 자연재해, 재난이 만발하고 있다. 경제 · 사회 · 정치적 양극화 현상, 그리고 우리 사회에 큰 변혁을 일으키는 세계화 현상(Globalization)은 우리나라 지역사회 생활에까지도 심각한 영향을 끼치고 있다.

이런 변화에 대하여 어떤 지역사회들은 대처능력이 제한되어 보건복지, 주택, 안전, 환경, 에너지, 교통 등 공공복지 분야에서 많은 문제에 봉착하고 있다. 이런 지역사회의 복지문제들에 대한 해결책은 주로 사회정책의 영역으로 간주하고, 복지국가 · 복지사회의 정치적 약속에 희망을 두고 있다.

그러나 지난 반세기에 걸쳐 경험한 우리나라의 사회(복지)정책을 살펴본다면, 정부의 사회복지기능은 그 한계성을 나타냈다. 이리하여 20세기 후반에 정부의 사회복지정책에서 복지공급의 책임을 공공영역과 비정부시민사회가 분담하는 정책을 채택하게 되었다. 지역사회 차원에서 시민사회의 자발적 복지참여를 권장했다. 주로 종교계에서 복지재원과 자원봉사 인력을 공급하고 정부차원에서는 행정적 편리를 제공하는 것으로 되어 있었다.

결국 급증하는 사회문제(지역사회복지문제들)의 해결을 위해 (1) 그 비용을 절감하고 (2) 지역사회 내 사회복지 서비스를 고도화하는 동시

에 (3) 취약계층의 혁신능력을 창출해 낼 수 있는 '사회적 혁신 정책
(Societal Innovation Policy)'이 요구되고 있다. 이 거시적 지역사회
복지활동에서 교회는 무대의 중앙에서 주연을 맡고 '사회적 혁신'의
철학과 이념, 구체적인 기구의 조직과 운영으로 지역사회복지 주체의
일원으로 활동하기를 요청받고 있다. 이것은 '하나님 사랑과 이웃 사
랑'의 큰 계명의 (선교적)수행과 맥을 같이 함으로 실현될 수 있는 '영
적 비전'의 하나라고 생각한다.

## 2) 사회적 혁신의 개념

'사회적 혁신'은 '사회적(Social)'이라는 단어와 '혁신 또는 쇄신
(Innovation)'이라는 단어로 구성되어 특별한 의미를 나타내는 단어
이다.

① '사회적(Social)'이라는 형용사는 '사람들이 집단으로 한 지역에
함께 살면서 자기들 공동체의 복지(Welfare)에 서로 영향을 끼치고 있
는 것'에 대하여 함께 처리해 나가는 현상을 일컫는다. 그러므로 '사회
적'이라는 용어는 어떤 지역주민들의 복지와 관련되어 사용한다고 볼
수 있다.

② '혁신(Innovation)'이라는 개념은 '쇄신(renew)'하거나 '변경
(alter)'시킨다는 의미를 지니고 있으며, 그 정도가 심각한 경우에는
'혁신(reform, renovate, innovate 등)'이라는 의미를 지닌다. '혁신'
의 형태는 현재 있는 것들의 부족함을 보완하여 변경 내지 쇄신시킨다

는 의미와, 현재 없는 것을 새롭게 만들어 제시한다는 의미가 있다.

③ 그러므로 사회혁신은 사회복지와 관련하여 지역사회 내의 기존의 사회복지제도, 서비스, 프로그램, 정책, 행정 등의 낮은 기능성·효능성을 보완하거나 새로운 대안을 제시하는 사회운동의 기제(Mechanism)라고 볼 수 있다.

사회적 혁신을 정의하면 '사회적 혁신은 보건복지, 의료, 교육, 위생, 환경, 안전 분야 등에서 사회적 목표를 달성하기 위해 새로운 아이디어를 개발하고 구현하는 활동이다.' 라고 할 수 있다(송위진, 2010).

④ 사회적 혁신은 정부가 시장에 의해 사회서비스가 제공되지 않았던 부문과 사용자를 대상으로 하고, 고가의 첨단기술보다는 간단하고 사용하기 쉬우며 사용자 친화성이 높은 기술을 활용하고, 수익창출만이 아니라 사회적 목표를 동시에 추구하는 새로운 비즈니스 모델을 필요로 한다.

이와 같은 특성들은 '사회적 기업'을 논할 때 주로 사용되나, 지역사회사회복지운동을 새로운 패러다임에서 고찰할 때 사용할 수 있는 유용한 준거 틀이 된다고 본다.

⑤ 사회적 혁신은 시민사회와 공공부문이 혁신활동에서 중요한 역할을 담당할 수 있다. 시민사회에 의한 사회적 혁신은 협동조합과 같은 사회조직, 사회적 기업, 사회운동 조직의 주도로 이루어진다.

공공부문에 의한 사회적 혁신은 공공조직, 공공연구조직이 주도하는 사회적 혁신활동을 촉진할 수 있다. 공공부문은 규제나 보조금 지급

등을 통해 민간에 대한 인센티브 제도를 변화시켜 시민사회 조직이나 기업들의 사회적 혁신활동을 전개할 수 있도록 인센티브를 줄 수 있는 제도를 마련해야 할 것이다. 이는 공공복지와 지역사회민간복지 증진에 대한 투자이며 지역사회 내에서 복지자원 동원에 큰 의미를 지닌다고 본다.

⑥ 교회는 지역사회의 혁신주체들과 지역복지증진을 위해 혁신체제를 구성하는 데 적극적으로 참여하여야 한다. 따라서 지역사회 내, 또는 근방에 있는 대학, 연구소, 정부, 영리기업, 사회적 기업, 책임운영 기관의 '사회적 혁신'을 중추적으로 진행할 수 있다.

⑦ 사회적 혁신을 촉진하기 위해서는 우선 전문적 기술혁신을 통해 해결 가능한 지역사회문제를 파악하는 작업이 필요하다. 여러 지역사회 관련조직들의 네트워킹(networking)을 통해 지역조직들이 출연할 사회복지자원(인력, 재력, 조직력, 전문지식력, 행정력 등)을 바탕으로 해결할 수 있는 지역사회복지문제를 탐색하여 정책추진 영역을 발굴하는 사업이 요구된다.

## 5. 결론

1) '교회사회복지와 사회적 혁신'의 주제로 고찰한 결과는 지역사회복지를 증진시키기 위해 지역교회가 시민사회의 일부로 중요한 역할을 감당해야 하며, 또 감당할 수 있는 능력(Capacity)을 지니고 있다고

본다. 이와 같은 능력은 "네 이웃을 네 몸과 같이 사랑하라"는 하나님의 명령을 믿고 따라서 지역사회의 어떤 기관이나 단체보다도 강력한 '지역사회복지(가난한 이웃)' 동기(Motivation)를 갖추고 있기 때문이다. 그리고 이 동기를 실현시키기 위한 효율적인 능력을 배양(Building)하고 있다.

이러한 '가난한 이웃' 을 도와야 한다는 동기와 동기실현의 능력을 갖춘 교회는 지역사회를 향해 나가서 여러 지역사회복지 관련단체와 함께 나눔과 섬김의 사역을 겸손히 감당하고 있다.

2) '사회적 혁신' 은 지역사회복지를 공동으로 수행한다고 하면서도 필요없는 경쟁의식, 성과주의, 프로그램 소유의식 등 자기중심의 활동을 전개함으로써 나타나는 지역사회복지사업의 저효율성, 특정기관이나 수혜자에 대한 서비스의 중복성, 자원의 낭비성, 복지자원개발·동원·배치에 대한 비체계성(비조직성) 등으로 잠재적 능력을 개발하여 활용하지 못하고 있다. 지역복지제도와 운영을 개선시키기 위해서는 현재 있는 지역사회복지체계에 대한 쇄신, 또는 혁신을 감행한다든가, 새로운 지역사회의 복지수요와 공급을 마련해야 한다. 따라서 '사회적 혁신' 이라는 개념을 연구하고 우리 지역사회 현실에 적용할 수 있다는 지역공동체의 '공유하는 신념' 은 지역사회복지 증진에 기반이 된다고 본다.

3) 교회나 기독교공동체는 성서신학이나 선교신학, 그리고 기독교 봉사신학의 영적 변화에서 '사회적 혁신' 의 영적 함의(Spritual Implication)를 어렵지 않게 발견할 것이다. 우리 지역사회 안에 '하나

님의 나라'를 임하게 하는 영적 운동이 될 수 있다. 교회나 교인들이 지역사회에 나가서 '빛과 소금', '누룩', '겨자씨', '한 알의 밀알' 등 교회가 지역사회에 나가 여러 복지 관련기관과 함께 일한다는 '선교적 의미'를 도출할 수 있다.

4) '사회적 혁신' 운동에 교회가 지역사회에 참여할 때, 지역사회복지의 영적 안목을 제시하는 등 기독교적 세계관, 기독교사회복지의 영적 이념으로 사회적 혁신과정에 영향을 미쳐, 복지수혜자들에게 큰 도움이 되게 하고 복지공급자들에게는 그들의 사회봉사에서 세상이 주지 못하는 영적 기쁨을 갖게 해 줄 수 있다.

5) '사회적 혁신'이 의도하는 핵심적 과제는 지역사회 안에서 '누가 우리의 이웃(복지수혜자)인가?'의 질문보다는 '지역사회 내의 복지수혜자들에게 책임 있는 지역사회복지 관련기관이나 단체가 어떤 이웃(복지공급자)가 되어야 하는가?'의 질문이라고 본다.

6) 주목할 사실은 지역사회 내에서 함께 지역사회 주민들(특히 가난한 이웃들)에게 복음을 선포하여 '나눔과 섬김'의 봉사사역을 한다는 지역교회들마저 하나님의 생명자원과 봉사활동에서 뭉치지 못하고 있다는 것이다. '사회적 혁신' 운동의 정신은 기독교공동체에서도 수용해야 할 영적 과제이다.

7) 교회의 '사회적 혁신'에 참여하여 지역의 큰 그릇으로 지도력을 발휘하려고 할 때, 몇 가지 영적 고려사항이 있다. 첫째, 예수님께서 하

늘나라의 모든 영광을 버리고 죄로 가득 찬 세상 속에 들어가 인간을 구원했듯이, 우리도 예수님의 정신으로 지역사회 속으로 들어갈 수 있는가? 둘째, '사회적 혁신' 운동과 실제적 활동에 동참할 때, 교회 내의 기독교적 조직문화, 운영방침, 인간관계유형 등을 잠시 내려놓고 지역사회의 여러 복지 관련기관과 같이 지역복지사업을 전개할 수 있는가? 곧 교회와는 구별되는 이질적 문화 속에 들어가 빛과 소금의 직분을 감당할 수 있겠는가?

8) 교회는 무책임한 사회를 책임지는 사회로 만드는 데 힘쓰며 돌봄이 부족한(Careless) 지역사회를 돌봄이 충만한(Careful) 지역사회로 만드는데 있어서 섬기는 종의 리더십을 발휘할 수 있는가?

9) 교회가 지역사회 내에서 '사회적 혁신' 패러다임(Paradigm)의 맥락 하에 참여하려고 한다면, 강연에서 제시한 Model C.(지역사회 내에서의 사회선교)를 고려해 보고, 사회복지운영 모델에서는 상호의존 모델(Interdependent)을 먼저 고려해 볼 필요가 있다. 그러나 Model A, B, C나 '의존, 독립, 상호의존'의 모델은 '사회적 혁신'의 활용에서 다양한 유형으로 구성될 수 있다.

10) 교회가 지역사회로 달려가 '사회적 혁신'의 방법과 과정에 참여하려고 할 때, 먼저 교회공동체 안에서 교육과 논의를 통한 공동체적 합의를 도출할 필요가 있다. '사회적 혁신운동'은 교회 내의 혁신운동이 될 수 있다.

# 제2장

# 지역선교의 새로운 방향:
## 지역공동체 형생을 위한 '문화복지' 의 실천

# Chapter 02

# 지역선교의 새로운 방향:
## 지역공동체 형성을 위한 '문화복지' 의 실천

성 석 환

(도시공동체연구소 소장)

## 1. 들어가는 말: 왜 '문화복지' 인가?

지역적 특성과 현안들과 긴밀한 연관성을 유지하고 지역사회의 필요를 채우는 일은 한국교회가 새롭게 정립하고 구체적으로 실천해야 할 과제이다. 지역을 넘어서는 사회적 담론에 응답하고 그 책임을 다하려 했던 에큐메니컬 진영의 사회선교는 기독교 회중의 삶이나 개교회의 선교전략에 그다지 큰 영향을 못 미치고 있으며, 지역주민을 전도하여 교회의 수적 부흥을 꾀하려는 보수 진영의 전략도 더 이상 효과를 보지 못하고 있다.

기독교의 사회적 신뢰도는 계속 하락하고 있고,[1] 최근 조사된 각종 지표에 따르면 개신교 신도의 수는 계속 줄고 있으며 대략 800만 정도가 될 것으로 추산된다. 이러한 위기에 대처하려는 신학적 연구와 실천적 토론이 다양하게 전개되고는 있지만 이중 대부분이 교회의 수적 성장을 도모하기 위한 맞춤형 전략이거나 임기응변식 처방에 머물러 있다.[2] 21세기의 새로운 환경에 대한 신학적 성찰과 이 시대가 요구하는 종교의 공적 역할에 대한 깊은 고려가 아쉬운 상황이다.

60-70년대 도시화와 산업화가 진행되면서 일자리를 찾아 몰려든 노동자들과 새롭게 형성된 도시 중산층들을 중심으로 도시지역 교회가 자리 잡게 되었는데, 이 시기에 급속히 성장한 교회들은 지역교회로서의 정체성보다는 대형교회의 시스템을 표준화하여 추종하게 되었던 것이다. 그후 민주화 시대를 거쳐 문화영역이 확장되고 다문화 환경이 확대되면서 과거의 선교전략이 작동되기 어려운 상황이 되었고, 최근 이러한 상황인식을 토대로 교회의 공적 역할과 디아코니아가 활발하게 논의되고 있는 것이다. 이런 의미에서 교회가 공간적으로 공유하고 있는 각 지역사회에서 공적 역할을 적절히 수행함으로써 간접적이지만 장기적인 전망을 가진 지역선교 모델이 하나의 대안으로 제시될 수

---

1) 기독교윤리실천운동에서 발표한 「2010년 한국교회의 사회적 신뢰도 여론조사 결과발표 세미나」(2010. 12. 15) 자료집에 따르면, 2009년에 비해서 2010년 한국교회의 신뢰도는 5점 척도로 2.82%에서 2.58%로 떨어졌으며, "신뢰한다."는 응답은 19.1%에서 17.6%로 떨어졌고, "신뢰하지 않는다."는 33.5%에서 48.4%로 증가했다. 종교별 신뢰도는 가톨릭(41.4%), 불교(33.5%), 개신교(20.0%)였다.

2) 예컨대 교회의 조직을 셀(cell) 중심으로 개편하는 셀 교회론, 제자훈련론, 1:1 양육론, 또 새신자를 관리하는 알파훈련, 전도에 집중하는 각종 세미나와 해외에서 도입한 '목적이 이끄는 교회', 'G12', 'D12' 등은 모두 교회의 성장이나 교회조직의 유지 및 관리를 일차적 목적으로 하고 있다. 변화하는 외부 환경과 지역적 요구를 반영하는 지역선교론이 교회의 선교적 목적과 사회적 관심을 통합하는 계기가 될 수 있다.

있다.

이 전망의 실천을 위해서는 현재 한국사회가 당면한 과제들을 함께 대응하는 전략이 필요하다. 현재 한국사회는 고령화 문제, 고용 문제, 빈부격차 문제, 저출산 문제 등 산적한 현안을 가지고 있는데, 이러한 각개 논의들을 하나의 논의구조로 편입시키는 것이 '복지론'이다.[3] 소득이 늘고 문화적 욕구가 증가하면서 선진국 수준의 복지에 대한 기대가 높아지고 있으나 이를 실현하기 위한 실천과 내용을 두고는 각 세력 간에 첨예한 갈등이 전개되고 있다.

복지관을 운영하거나 '불우이웃돕기'를 중심으로 전개된 기독교의 사회봉사나 지역봉사도 이러한 새로운 요구에 직면하고 있다. 이는 공공 영역에서 교회의 공적 역할에 대한 기대와 함께 지역과 사회와의 새로운 소통방식을 모색해야 하는 과제를 동반하고 있다. 지역구성원을 교회구성원으로 편입시키려는 목적에만 머물지 않고, 지역의 문화적 수준과 복지를 향상시켜 함께 더불어 잘 사는 행복한 지역공동체를 지향하는 전망이 필요하다.

사회적으로 문화적 수준의 향상에 대한 기대는 복지의 문화적 실천을 강화하며 문화적 복지에 대한 정책적 고려를 강력하게 요구하고 있다. 정부의 지역사회복지를 위한 논의들도 문화적 접근을 활발하게 시도하고 있다. '문화소외층'을 위한 문화활동 지원과 지역복지의 문화적 인프라를 구축하기 위한 예산지원도 이루어지고 있다. 본 논의는

---

3) 주로 정치인들이 정치적 목적을 가지고 이른바 '한국형 복지', '미래형 복지,' '보편적 복지' 등의 화두를 던지고 있지만 현재 한국사회가 당면한 과제를 포괄적으로 논의할 수 있는 지점으로는 적절하다. 다만 이러한 논의에 과도한 정치논리가 개입되지 않고 다음 세대와 현 세대의 공동의 복지를 구현하는 방향으로 전개되어야 한다.

'문화복지'[4]의 측면에서 교회의 지역공동체 형성을 위한 선교전략을 다루고 있다.


## 2. 지역사회복지론과 지역사회

### 1)지역사회복지란 무엇인가?


지역사회복지는 복지의 상태나 기준을 논의하는 추상적 주제가 아니라 지역이라는 명확한 상황을 고려하는 구체적 실천을 요구한다. 지역사회복지에 대한 논의는 사회사업이나 사회봉사의 차원에 그치지 않고 지역적 맥락의 정치, 경제, 문화적 사안들을 종합적으로 고려한다. 오늘날 지역사회는 혈연과 지연을 매개로 하는 공동체가 아니기에 갈등을 조정하거나 합의를 이끌어내기가 쉽지 않다. 그래서 지역사회복지는 이러한 새로운 공동체를 형성하는 일에 개입하는 것이며, '지역사회를 단위로 하여 발생하는 사회적 문제, 즉 지역주민이 당면하고 있는 공통적인 요구나 곤란을 지역사회 스스로가 조직적으로 해결할 수 있도록 도움을 주는 일련의 활동이다.'[5]

---

4) '문화복지'라는 용어는 아직 학문적으로 명확하게 정의되지 않았다. '문화복지'는 복지의 문화적 측면을 지칭하거나 문화적 활동을 통해 실현되는 복지의 측면을 모두 포함한다. 그러나 이보다 더 중요한 것은 문화의 의미를 어떻게 볼 것인가와 관련되며, 이 글에서는 이 논의를 전면적으로 전개하지 않지만 고급예술 활동에만 국한되지 않고 일상적 삶과 연계된 다양한 경험을 통해 인간됨의 수준을 미학적으로 고양시킬 수 있는 일체의 활동과 사고를 모두 포함하는 의미의 '문화복지'를 전제하고자 한다.

5) 김 경우 외 3인, 『지역사회복지론』(서울: 나눔의 집, 2009), 39쪽.

구호사업에서 공적 복지 서비스의 체계로 발전한 영국, 미국의 모범을 따라 시작된 한국의 복지정책이 지역사회복지의 차원으로 발전하는 데에는 민주화 이후 문화적 실천을 통한 민주주의의 성숙, 그로 인한 한국사회의 공공성 확대가 큰 역할을 했다. 그렇지만 그 이전에도 국가 주도의 지시적 복지행정이 전혀 없지는 않았다. 우리가 잘 알고 있는 '새마을 운동'을 비롯하여 주로 경제발전정책과 맞물려 있었다. 공식적으로는 1958년 「지역사회개발위원회」 규정이 공포되면서부터라고 볼 수 있지만, 우리나라의 복지정책은 1983년 「사회복지사업법」이 개정된 후 특히 90년대 지역중심의 논의와 전문성 강화가 이루어지면서 비약적인 발전을 보였다.[6]

## 2) 지역사회복지론 등장의 사회적 요인

우리나라뿐만 아니라 전 세계적으로 지역사회복지에 대한 관심이 고조되고 있는데, 그 원인을 살펴보면 지역사회복지의 시대적 정당성과 교회가 지역사회복지에 관심을 가져야 할 필요성을 확인할 수 있다. 국내적으로 볼 때, 한국의 지방자치제가 1995년에 시작되면서 생활환경의 개선, 삶의 질 향상을 목표로 주민의 참여와 연대를 강조하면서 주민 스스로의 역량을 강화하는 지역복지활동으로 발전했다. 그래서 지방자치제도는 일차적으로 공공행정의 영역에서 지역사회가 사회복지 전달의 주요 단위로 받아들여지게 하는 제도적 조건이 되며, 이것은 사회구성원들이 소속 지역사회에 대해 공동체적 정체성을 강화하도록

---

6) 위의 책, 58-65쪽. 저자는 국민의 정부의 '생산적 복지', 참여정부의 '참여 복지', 현 정부의 '능동적 복지'를 소개하면서 실질적으로는 이 세 정부에서 한국복지의 정상적인 자리를 찾게 되었다고 본다.

하는 조건이 되기도 한다.[7] 이런 이유에서 많은 사회단체나 시민단체들이 지역사회를 단위로 활동하게 되었고, 공공 영역의 확대라는 측면에서도 긍정적인 영향을 끼치게 되었다.

그런가 하면 전 세계적 차원에서 볼 때, 이른바 지구화가 가속화되면서 신자유주의와 확산과 초국적 기업들의 공세에 대응하여 지역사회 단위의 대응을 모색하게 된 것도 이러한 지역사회복지론에 귀를 기울이게 된 배경이다. 지역물품 소비운동이나 지역화폐 운동 등이 이러한 예에 속한다. 가족보다는 집합적 대응의 효과가 분명하고 국가보다는 공동체적 정체성을 확보하기 쉬운 까닭에 지역사회에 대한 관심은 오늘날 더욱 고조되고 있는 것이다.

### 3) '지역사회' 와 지역사회복지실천

지역사회복지를 논할 때 의미하는 '지역사회' 를 어떻게 정의할 것인가? 최근의 논의에서는 '공간중심의 지역사회뿐 아니라 사회관계 중심의 지역사회를 모두 포함'[8]하는 것으로 본다. 본래 공간적이고 지리적인 개념으로 사용되었지만, 시대의 변화에 따라 사람들의 의사소통 체계가 편리해지고 교통수단이 발달하면서 더 이상 전통적인 지역사회가 존속하기 어려워졌다. 산업화, 도시화는 지리적 공간을 공유하지 않더라도 경제적 이익이나 사회적 관계를 공유하는 이들이 서로 연관되는 공동체가 형성하도록 만들었다.[9]

---

7) 감정기, 백종만, 김찬우, 『지역사회복지론』(서울: 나남, 2009), 26쪽.

8) 위의 책, 22쪽

9) 참고. 로스(Ross)는 *Community Organization: Theory, Principles, and Practice*(New York: Harper&Row, 1967). 지리적 공간을 공유하며 상호작용하는 사람들의 집단을 지역사회(geographical community)로, 또 이에 대비하여 공동의 관심과

물리적으로 지리적 경계를 공유하는 형태나 사회적이고 문화적인 동질성을 공유하는 형태 모두 오늘날의 지역사회 논의에는 포함된다. 우리나라의 경우 지역적 특성이 매우 첨예하게 드러나기 때문에 지리적 논의가 여전히 중요하기는 하지만, 도시적 환경을 고려할 때는 변화무쌍한 변화를 반영해서 논의해야 한다. 그러므로 지역사회란 심리적인 면에서는 공동의 이익, 특성, 연합을 의미하며, 지리적인 면에서는 사람들이 함께 모여 사는 특정지역을 의미하고, 사회적으로는 이 두 가지 면을 결합시키는 것이다.[10] 예를 들면, 서울의 경우 대학로는 동숭동, 이화동, 혜화동의 3개 동으로 형성된 공간이지만, 그 지역은 그러한 행정구역의 구분보다는 젊은이들의 문화공간이거나 한국의 대표적인 문화예술 공간이라는 특성으로 지역사회를 규정할 수 있다. 이 공간에 위치한 수많은 비거주 문화인력이나 단체들도 대학로 지역사회의 주체에 포함해야 한다.

이처럼 지역사회를 공간적 개념만이 아니라 문화적 동질성과 심리적 연대감까지 고려해서 논의하게 된다면 지역사회복지의 실천 영역은 매우 크게 확장된다. 일반적으로 지역사회복지의 실천은 지역사회복지를 특정한 상태나 상황으로 추상화되는 것에 문제를 제기하고 지역의 정치적, 사회적, 문화적 현안을 주민 스스로 해결할 수 있도록 지원하거나 개입하는 구체적인 실행을 도모하는 것이다. 하디나(Hardina)의 경우 지역사회복지실천은 지역사회의 변혁(transformation)이 일차적 목표이고, 억압받는 집단들을 주변화(marginalization)하는 데 기여하

---

기능을 함께 하는 사람들의 집단을 기능적 지역사회(functional community)라고 불렀다. 위의 책, 77쪽, 재인용.
10) 김경우 외 3인, 앞의 책, 19쪽.

는 사회적 및 경제적 조건들에 대한 비판의식을 발전시키기 위해 지역
사회의 사회정의와 균등한 자원배분에 대한 헌신이 요구된다고 본
다.[11] 결국 지역사회복지실천은 정의로운 지역사회를 형성하기 위해
개입하는 일련의 행위들을 포함하는 것이다. 이로써 지역사회복지가
불우한 환경을 개선하고 가난한 이웃을 구제하는 차원을 넘어 지역사
회 전반의 사회문화적 현실에 총체적으로 개입하여 변혁을 추구하는
것임을 알 수 있다.

이러한 견해는 지역공동체 만들기를 지향하는 교회의 지역선교에
큰 도전을 줄 것이다. 서두에 언급했듯이 지역사회를 선교의 대상으로
만 인식하는 경우에는 지역의 이러한 사회문화적 현실을 깊이 고려하
지 않는다. 교회의 지역사회복지가 구제나 섬김의 수준에 그치게 되면
오늘날 도시지역에 변화무쌍한 변화와 현실적 모순들에 대해서는 적
절하게 대처하기가 어렵다. 한국교회의 지역복지사업이나 사회봉사는
지리적 지역사회에 국한되어 수행되는 경향이 강해서 사회문화적 현
안에 소극적으로 대처하게 된다. 따라서 지역사회의 변혁을 지향하기
보다는 교회의 선교적 목적을 수행하는 목회 프로그램의 하나로 실천
되는 경우가 많다.

---

11) D. Hardina, *Analytical Skills for Community Organization Practice*(New York:
    Columbia University Press), p. 18-19.

## 3. 한국기독교와 지역사회봉사

### 1) 한국교회와 지역사회봉사

　지역주민으로 구성되지 않는 도시교회가 대부분인 상황에서 지역사회의 공동체적 형성을 도모하자는 주장은 교회구성원들에게 호소력을 갖지 못할 수 있다. 재개발과 신도시 건설 등으로 도심지는 공동화되고 사람들은 외곽으로 거주지를 옮겨 가면서 도시에 위치한 교회들은 지역사회의 현안에 관심을 가질 이유를 선교적으로 포착하기 어려웠다. 경우에 따라서는 오히려 지역사회에 부정적인 인상을 심어 주거나 지역발전에 장애물로 인식되기도 한다.

　물론 지역사회에서 긍정적인 영향력을 끼치며 좋은 평가를 받고 있는 교회도 많다. 다만 긍정적 평가를 받는다 해도 그것은 좋은 이미지를 가지고 있다는 의미이지 지역사회의 현안에 적극적으로 개입하거나 문제해결을 위해 주도적인 역할을 감당한다는 의미는 아니다. 지금까지는 지역사회와 연관을 맺는 방식이 단순하여 지역사회의 당면한 과제와는 거리가 있었기 때문이었다. 구제와 자선은 교회가 지역사회를 섬기기 위해 마땅히 행해야 할 일들이지만 앞서 살펴본 오늘의 지역사회복지실천에 대한 논의가 지역사회의 사회문화적 변혁을 위해 개입하려는 상황에서 교회의 대응은 상대적으로 소극적이었다.

　이러한 부분을 개선하기 위해 먼저 한국교회의 지역사회봉사[12]를

---

12) 지역사회복지가 실천적 의미에서 매우 포괄적 내용을 담보하는 것에 비해 기독교의 지역사회복지는 소극적이고 단순한 활동에 머물러 있다는 점에서 지역을 위한 '봉사'의 차원이 강하므로 지역사회봉사라고 하였다.

살펴보자. 한국교회의 사회봉사는 선교 초기부터 시작되었다. 한국에 온 선교사들은 의료와 교육활동을 통해 선교를 하였다. 그들은 사회봉사를 선교의 가장 효과적인 방법으로 택하였다. 병원과 학교를 세우고, 또 고아원이나 모자원 등을 건립하여 일제통치 하의 백성들의 고통을 위로하였고 상처를 치유하고자 하였다. 이에 대해 "사회봉사가 선교의 최선의 수단이고, 사회봉사의 목표는 선교라야 한다는 것을 확인할 수 있다."[13]고 평가하기도 한다. 이렇게 평가하는 입장은 한국교회의 성장 배경에 그러한 전통이 크게 작용했다고 보기도 한다. 일제시대 뿐 아니라 한국전쟁 후 교회의 사회봉사는 고통의 현장에 함께 하여 아이들과 부녀자들에게 사랑의 섬김을 베풀었다고 보면서 그러한 밑거름이 있었기에 산업화 시대 극적인 성장이 가능했다고 보는 것이다.

문제는 급성장한 도시의 대형교회들이 교회의 부흥과 성장에 모든 에너지를 집중하면서 사회봉사에 대한 관심을 계속 이어가지 못했다. 이럴 때 진보적 신학을 기반으로 사회문제에 대처하는 움직임이 생겨났고, 이들은 인권과 민주주의의 성취를 위해 지역에서 공동체를 만들거나 약자를 지원하는 운동을 하였다. 한국교회의 사회봉사 개념에서 이 움직임이 주류로 성장하지는 못했지만 지역사회의 현안이 교회의 사회봉사에 연관될 수 있다는 중요한 경험을 안겨 주었다.

후에 '주민생활협동조합'으로 성장한 성남시의 주민교회, '두레마을'의 모태인 활빈교회, 청계천 뚝방촌에서 시작해 양평에 자리 잡은 '복음자리 지역사회센터' 등은 모두 이 시기에 경험한 기독교의 중요

---

13) 손용철, '사회봉사의 역사,' 『사회봉사의 이해: 교회의 실천적 관점으로』(파주: 양서원, 2010), 89쪽.

한 지역사회봉사의 자산들이다. 또 허병섭은 교회를 열린 공간으로 개방하여 지역 주민들과 함께하는 지역사회운동의 근원지 역할을 하면서 '밀알공동체'가 되게 했다. 이런 지역사회운동은 주류 교회가 지역사회에 접근하는 방식과는 거리가 있었고, 90년대 이후부터는 주로 시민사회단체들과 연대하면서 독자적인 길을 걷게 되었다. 물론 90년대 이후에도 예수원, 다일공동체, 이랑둥지(정용갑 목사)[14] 등이 이러한 전통을 이어갔지만 대다수의 교회들은 지역교회를 표방하면서도 대형교회들의 패턴을 추종하며 교회성장을 위한 대상적 선교에 몰입하게 되었다.

## 2) 한국교회 사회봉사의 특징과 한계

전광현은 교회의 사회봉사에 대한 정의를 내리면서 "포괄적 의미로 선교를 포함한 내적 의미를 지니고 있음과 동시에 사회체계망 속에서 이루어지는 교회적 차원의 사회활동을 전개하는 것을 의미한다. 즉 지역사회나 특수한 사회복지, 봉사의 영역 내의 복지수급자의 욕구와 행동에 대해 간섭하는 것이 아니라 봉사로서의 일련의 사회활동을 전개하는 것을 의미한다."[15]고 말함으로써 앞서 살핀 '지역사회복지실천론'과는 다소 거리감을 두고 있다. 즉 주역주민의 현안에 개입하여 지역사회의 변혁을 지향하기보다는 봉사적 개념의 활동에 방점을 두는

---

14) 참고. 김성균, 구본형, 『에큐뮤니티』(서울: 이매진, 2009), 67-84쪽. 저자들은 생태학적 공동체운동의 맥락에서 기독교계의 기여에 매우 긍정적인 평가를 내리고 있다. 실상 우리나라의 공동체 운동의 모태는 종교이며, 특히 기독교의 사회참여와 지역사회운동이 가장 큰 영향을 끼쳤음을 지적하고 있다.

15) 전광현, '자원봉사와 사회봉사,' 『사회봉사의 이해』, 23쪽.

것이다. 그러나 동시에 "교회의 봉사실적, 전도방법, 교세확장이 문제의 핵심이 될 수 없고 도움을 필요로 하는 사람을 중점으로 해야 한다."[16]고 덧붙임으로써 지역사회와의 기본적인 공감대를 형성하기 위한 원리는 동일하게 보았다.

일반적인 사회봉사의 이념과 기독교 사회봉사의 목표가 최종적으로 지향하는 지점은 다를 수 있다. 예컨대 일반적 사회봉사가 인간존중, 정의사회, 민주사회 등을 지향한다면, 기독교 사회봉사는 성경의 '사랑명령'에 기초하여 "세속적 제도에만 의존할 수 없다는 신앙양심에 따른 봉사공동체로서의 '실천적 영성'을 확립하는 것"[17]이고 기독교적 관점에서 교회의 자원을 동원하여 지역을 섬기는 것이라고 구분할 수 있다. 그러나 최근의 동향은 이러한 차이점을 강조하는 것이 아니라 일반 사회봉사 영역과 협력을 강조하여 실질적으로 지역의 현안에 기독교적 태도로 개입하여 문제를 해결하려는 노력도 전개되고 있다.

그래서 전광현은 기독교 사회봉사의 독특성을 지적하지만 그 동안의 기독교 사회봉사의 문제점을 "교회의 사회봉사활동은 사회통합적 기능을 발휘하지 못했고 그 결과 선교의 기회도 상실"한 것이라 본다. 즉 "삶의 여러 문제를 갖고 고생하는 사람에게 있는 아픔에 동참하여 그들의 짐을 나누는 것이어야 하는데, 아직까지는 인간의 아픔에 대한 본질적이고 실질적인 이해 속에서 사회봉사가 이뤄지지 않는 면이 많다."는 것이다. 그는 궁극적으로 "사회적 역량강화 기능으로서 이웃들이 자신 스스로를 돕도록 도와주고, 의존성을 벗어나 자립의 힘을 길러

---

16) 앞의 글.
17) 박용순, '사회봉사의 특성,' 『사회봉사의 이해』, 45쪽.

주는 활동을 해야 하는 것이다. 그런데 아직도 교회는 임시방편적이고 구제적 수준을 벗어나지 못하는 경향이 많다."[18]고 주장한다.

그렇다면 한국교회의 지역사회봉사가 오늘날 한국사회에서 요구되고 실천되고 있는 지역사회복지론과 협력하여 실질적인 효과를 거둘 수 있는 과제들을 중심으로 새로운 모델을 구상할 수 있겠다. 교회의 사회봉사가 주로 복지관, 고아원, 무료급식 등의 봉사와 구제 형식으로 진행되는데, 지역의 현안을 주로 다루는 지역단체나 행정당국과의 네트워크와 협력구조를 개발하여 사안별로 지원할 수 있을 것이며 교회를 이를 통해 보다 다양한 지역적 과제들을 인식할 수 있어서 보다 구조적인 접근이 가능할 것이고, 지역복지실천을 주도하는 단체들은 교회라는 비영리 조직의 협력을 얻음으로써 지역의 주체와 긴밀히 연대할 수 있게 될 것이다.

최근 한국교회가 대형교회의 패턴을 따라가지 말고 지역의 정체성을 공유하는 지역교회가 되어야 한다는 주장들이 많이 나타나고 있는바, 지역교회가 물적, 인적 자원이 많이 필요한 복지관 운영과 같은 대형교회 모델을 따르지 않더라도 지역사회와 협력하면 매우 다양한 방식으로 지역현안의 해결을 위한 네트워크에 동참할 수 있는 가능성을 지속적으로 개발해야 할 것이다. 현대사회에서 특히 도시에 거주하는 이들이 당면한 문제들은 다만 먹고 사는 문제에 그치지 않고 지역의 물리적 공간의 배치나 생활권 형성, 또는 개발이나 재개발 문제 등의 정책적 판단이 필요한 경우가 많다. 따라서 지역사회봉사 활동과 함께 이러한 지역사회의 구체적인 변화에 민감하게 반응하여 주민 스스로 문

---

18) 전광현, '교회 사회봉사의 과제와 전망,' 『사회봉사의 이해』, 284쪽.

제를 해결하도록 돕고 지원하는 일은 교회가 선교적 태도로 지원하고 동참하는 일이 필요하다.

## 4. 문화사회와 문화복지

### 1) 문화사회와 공동체운동

한국사회에서 복지가 본격적으로 거론되던 시기는 우리 사회의 이른바 '공동체주의'가 태동되던 때였다. 물론 전 세계적인 추세에 동참한 것이기도 하지만 도시화로 인해 빈곤해진 공동체적 삶을 회복하려는 시도가 많이 등장했다. 이 운동의 궁극적 목적은 "모든 이들이 그들에게 영향을 미치는 정책의 결정을 내리는 데에 평등한 시민으로서 책임감을 가지고 참여할 수 있도록 공동체생활의 사회적, 정치적 측면을 변형(변혁)시키는 것"[19]이었다. 이러한 인식의 확산은 도시환경의 비인간적 조건들을 성찰하게 하여 도시공동체운동의 동기를 제공하였다. 조명래는 "주민들의 이런 자의식적 노력을 담아내기 위해서는 그에 걸맞은 조직적 형태나 틀이 있어야 하는데, 도시의 공동체운동은 바로 이를 총칭하는 표현이다."[20]라고 말한다. 공동체가 빈곤한 도시공간의 공동체성을 회복하고 도시민들 스스로가 지역문제에 주체로 나서게 함으로써 사람들의 관계를 성숙시키고 지역현안에 대한 해결을 위해 네트워크를 형성하도록 한다.

---

19) 설한, '공동체주의: 협동, 책임, 참여의 정치사회학,' 한국도시연구소 편, 『도시공동체론』(서울: 한울, 2003), 33쪽.

20) 조명래, '지역사회에의 도전,' 『도시공동체론』, 93쪽.

　그런데 공동체주의나 도시공동체운동은 한국사회의 민주화 이후 등장한 문화사회의 이상을 이념적 기반으로 삼고 있다. 물론 도시공동체운동이 지역의 문화이벤트나 축제에 국한하여 문화적 형식에만 집중함으로써 문화를 기능적으로만 다루고 있는 경우도 있어서 전 사회의 공동체적 삶의 형식을 성숙시키려는 전망을 가진 문화사회의 이상과는 다소 거리감이 없지 않지만 기본적인 논점은 공유될 수 있다. 도시공동체운동의 한 갈래로 '문화공동체운동'을 다루는 입장은 지역사회의 문화적 품격을 높이기 위한 활동을 포함하여 "지배문화에 대항해 그들 스스로의 삶의 목표와 방식, 그리고 가치관에 맞는 대안문화를 찾고 이를 함께 공유하는 것도 중요한 목적과 내용"[21]이라고 평가하기도 한다.

　도시환경의 빈곤한 공동체성이 가시적 동기라면 보다 근본적으로는 경제적 발전을 거듭하면서 민주화의 성숙단계에 진입하였지만 여전히 공공 영역의 제대로 형성되지 못했다는 한국사회의 성찰이 보다 근본적인 원인을 제공한다. 공공 영역의 정당하게 활성화되지 못함으로써 시민의 주권적 삶이 확보되지 못하고 도시지역사회에서의 삶은 대부분 사적 공간에서의 사적 활동에 머물고 말아 지역사회의 공적 공간을 확보하여 공적 여론을 형성하기 어렵게 된다. 지역의 문화활동이 시행되더라도 지역축제나 문화행사는 대부분 관주도로 진행되거나 내부 구성원들의 잔치가 되어 지역사회의 발전이나 현안과는 전혀 상관없이 전개되는 이유도 바로 지역사회의 공공 영역이 확보되지 못한 까닭이다.

　이러한 까닭에 문화사회의 이상이 지역사회복지실천과 도시공동체

---

운동의 이론적 근거로 고려되어야 하는 이유가 충분히 있다. 하버마스 (J. Habermas)가 제기한 '공론장' 혹은 '공공 영역'의 특징은 정치나 경제 영역과는 구별되는 상호소통의 공동체를 의미한다. 공공 영역이 강조하는 것은 인간 공동체 속에서의 상징적 상호 관계이지 제도적 권력관계를 의미하는 것이 아니다. 그러므로 "공공 영역은 공동체적 이해를 바탕으로 형성되며 공동체의 문화적응 양식을 이해하기 위해서 중요한 개념이 된다." 그의 공공 영역은 "진화론적 인식을 극복하고 다양성과 일상성을 강조한 문화연구와 맥을 같이하면서, 동시에 상대주의의 늪에 빠지지 않는 균형된 시각을 제시한다."[22] 즉 하버마스의 공공 영역은 문화성이 가장 큰 특징으로 포착된다.

그러므로 도시공동체를 만들기 위한 지역사회개발 혹은 지역사회복지실천은 곧 지역사회의 공공 영역을 삶의 현안과 관련하여 구체적으로 확보하는 것이며 이는 곧 문화사회의 공적 역할에 대한 논의를 공유하는 것이다. 당시 문화사회론을 주도했던 심광현의 주장에 따르면, '문화사회'는 자본주의의 소비적 문화나 쾌락적 소비양식을 확대하거나 고급문화나 예술의 형식을 보편화하는 것이 아니라 공공 영역으로서의 제 3부문의 새로운 패러다임을 개척하여 지역사회와 시민사회에 실현하려는 인식론적 틀의 전환이다.[23] 이의 실천은 '문화적 서비스'의 공간을 확대하는 것인데, 예컨대 은퇴자들의 재교육 및 재사회화, 독서토론회를 통한 주민역량 강화사업, 지역발전을 위한 토론의 장 마련 등과 같이 공공 영역을 문화적 형식과 문화사회의 이상을 토대로 구

---

22) 윤선희, '공공 영역과 매체 연구,' 정재철 편, 『문화연구이론』(서울: 한나래, 1998), 218쪽.
23) 심광현, 『문화사회와 문화정치』(서울: 문화과학사, 2003), 157쪽.

축해 나가는 것이다. 나아가 지역사회와 시민사회의 생활양식과 문화
적 가치를 재구성하려는 시도는 지역화폐운동, 커뮤니티 비즈니스, 생
협운동 등으로 나타난다. 가장 결정적인 실천은 주민의 일상적 삶에 예
술적이고 미학적인 수준의 자각이 발생해서 자신들의 삶을 스스로 품
격있고 윤리적인 방식으로 재구성할 수 있도록 돕는 것이다. 이런 측면
에서 지역사회복지실천이 '문화복지' 를 중요한 실천 영역으로 인식하
는 것은 매우 중요하다.

## 2) 문화복지와 지역사회

신학적으로도 '공공신학' 의 관심이 고조되고 있지만 주로 이론적
논의에 그치고 있는 것은 바로 현대사회, 특히 도시지역의 환경변화와
문화적 실천을 통한 공공 영역 확대라는 논의에 다가가지 못함으로써
발생한다. 지역사회복지실천에 있어서도 '문화복지' 에 대한 관심의 고
조는 문화적 실천을 통한 지역사회의 공적 영역의 확대를 지향하는 것
이고 이 전략은 오늘날 다변화하고 복합적인 구성원들이 모여 사는 도
시지역사회에서 가장 효과적인 지역복지실천이 될 것이다.

지역사회복지실천에 있어서 문화복지정책은 "단순히 문화유산의 보
전과 전문가 중심의 창작기반 조성이라는 소극적 의미의 문화계획 개
념에서 벗어나 지역주민의 문화향수 기회확대를 통한 문화의 생활화
와 지역문화를 통한 지역사회의 정체성을 강조하는 문화복지적 방향
으로 그 범위가 넓어져 가고 있다."[24] 1996년에 발족한 '문화복지기획

---

24) 구혜영, '지역사회의 문화복지 정책개발에 관한 연구,' 『한국지역사회복지학』, Vol 14,
   2004. 2, 251쪽.

단’은 이 문제를 ‘인간성 유지’ 라는 개념으로 표현했는데, 재산과 소득, 지위, 권리 등 네 가지 사회적 신분결정요인과 연관시켜 개념화를 시도했다. 이는 인간의 기본적인 욕구 가운데 하나이면서 이러한 욕구의 충족이 보장되지 않으면 진정한 복지는 달성되기 어렵다고 보는 것이다.

이렇게 보면, 앞서 언급한 ‘문화사회’ 의 이상과 동일한 시각을 가지고 있다는 점이 자명하다. 정치, 경제 담론이 폭주하면서 공공 영역의 활성화가 제대로 이루어지지 않았는데, 모든 사회적 논의를 문화화하고 재사회화하는 패러다임의 전환이 문화사회를 요청한다면, 문화복지 또한 지역사회복지를 이러한 관점에서 보고 있는 것이다. 그러므로 문화복지의 다양한 과제 중 가장 중요한 것은, “문화생활에 있어 주민의 자발적 참여에 대한 부분은 문화복지의 중요한 이념적 근거가 되고 있다. 즉 문화의 향수를 대중들에게 확장해야 한다는 것과 관련되는 것으로.... 자신의 감정과 생각을 자유롭게 표현하고 공동체의 문화적 생활에 공헌할 수 있다는 문화의 민주화 등은 문화복지를 위한 중요한 논리적 근거”[25]이다.

이를 위해서 지역사회의 주민들의 문화적 욕구를 파악하고, 그것을 해결할 수 있는 지역사회의 문화적 자산과 자원을 파악해야 한다. 지역 특성을 고려하여 지역주민이 원하는 문화적 수준을 결정하고 스스로 한 인간으로서의 품격을 누릴 수 있는 문화서비스가 실천되어야 지역사회복지의 문화복지적 실천이라 할 것이다. 공공 예술, 도서관, 문화교실, 문화센터 건립, 복지관 등이 지역에서 가장 가까운 곳에서 질 높

---

25) 위의 글, 253쪽.

게 경험될 수 있도록 배치하고 운영하는 것과 전시 및 공연예술의 관람 체계를 구축하는 등의 활동을 통해 지역사회의 문화적 공공 영역을 확대하고 지역사회복지의 품격을 높이게 된다. 다시 강조하건대 이러한 문화활동 지원정책이 소비문화의 무조건적인 수용이거나 엘리트 중심의 고급예술 중심으로 실천되지 않도록 해야 하며, 지역사회의 소외층이나 약자의 진입이 용이하고 스스로 미학적 경험의 수준을 높일 수 있는 배려가 필요하다.

예컨대, 이른바 '기적의 도서관'이라 이름 붙여진 순천의 도서관은 "부유한 집안의 아이들이건 가난한 집안의 아이들이건 이 세상의 모든 아이들이 차별받지 아니하고 자유롭게 책을 접하고 만나고 읽게 하는 것"[26]이 목적이었고, 그렇게 지어진 후 이 도서관을 중심으로 새로운 지역공동체가 형성되어 지역주민의 통합과 자발적 지역현안 해결의지를 높이는 계기가 되었다. 이는 도서관을 짓되 공공 영역의 확대를 지향하고 문화사회의 이상을 지역사회복지의 실천의 견지에서 실행했기 때문에 가능한 것이었다. 그런가 하면, '시민이 만들어 가는 문화예술 창조도시'라는 비전으로 문화도시, 문화복지를 실현하려고 지속적으로 노력한 성남시는 지역주민의 자발적 문화활동을 조직화한 '문화사랑방', 지역의 문화적 활동을 지원하는 '성남시 문화화폐 너울' 등의 성과를 거두면서 전국적으로 모범적인 사례를 보여 준다.[27] 이 모든 정책의 목적은 주민과 시민 스스로 자신들의 문화적 삶의 질을 결정하고 조직하는 것이라고 밝히고 있다.

지역사회복지실천으로서 문화복지의 실천은 인간의 삶의 질을 향상

---

26) 정기용, 『기적의 도서관』(서울: 현실문화, 2010), 13쪽.
27) 참고. 성남문화재단, 『문화도시 포지셔닝 전략수립 및 실행 프로그램 개발』(2010).

시키고 미학적인 경험을 통해 스스로의 삶을 성찰할 뿐만 아니라 현실의 모순을 극복할 수 있도록 지원하고 돕는 것까지 포함한다. 이런 점에서 한국교회의 사회봉사가 앞으로 지향해야 할 방향성을 제고하도록 한다. 사랑의 실천으로서의 사회봉사는 이제 일회적 구제를 넘어 구제 대상자가 놓인 삶의 현실적 고통이 발생하는 구조적 원인에 대해 관심을 가져야 한다. 그러나 그것은 과거 진보 진영의 전유물처럼 여겨졌던 인권운동이나 노동운동으로 환원될 수 없다. 공공 영역의 확대는 지역선교를 위해서도 긍정적인 기여를 할 것이다. 공공 영역에서 지역주민의 삶의 질을 구조적으로 변혁하는 일에 교회의 지역선교가 참여한다면 공적인 신뢰를 획득하게 되고 지역사회의 일원으로서 인정받게 된다.

그러므로 이를 위해서 반드시 필요한 작업이 지역의 문화적 네트워크 형성이다. 특히 문화복지는 지역의 문화적 자원을 다양하게 연결하여 자발적으로 참여할 수 있도록 해야 하므로 네트워크를 형성하는 일은 무엇보다 중요하다. 교회의 지역사회봉사가 문화복지적 실천에 동참하려면 역시 마찬가지로 지역사회와의 네트워크를 형성하는 일이 매우 중요하다. 이를 위해서 지역교회는 지역문화조사를 실행하거나 지역문화지도를 만들어 교회의 자원과 연결할 수 있도록 고안해야 한다.


## 5. 지역교회와 문화복지실천-문화네트워크 형성

국가 주도의 복지정책은 지역사회의 구체적인 현안을 효과적으로 대처하지 못했을 뿐 아니라 지역사회복지를 행정적 차원에서 지원했기 때문에 통합되지 못한 각 개의 복지정책이 분산되어 실행되기도 했다. 지방자치제가 실행된 후 지방자치단체들은 각 지역의 자원을 파악하고 이를 통합하여 지역사회복지에 효율적으로 동원할 필요를 강하게 느끼게 되었지만, 그것은 관료적이거나 획일적으로 수행하기 어려운 과제였다. 그래서 사회복지의 지방화는 지역사회의 공동체적 기능을 회복시키고 그로 인해 국가사회적 비용지출도 줄일 수 있었지만 그 운영을 할 준비가 되지 못했다.

이런 점에서 지역사회의 문화적 네트워크를 통해 지역사회복지를 문화적 실천으로 집중할 때 변화무쌍한 환경에 놓인 도시지역사회의 질적 수준의 향상을 효과적으로 도모할 수 있다. 이러한 지역의 네트워크를 '사회적 자본'이라고 부르기도 한다. 이는 "개인이나 집단 간에 이로운 협력행위를 촉진시키는 신뢰, 규범, 네트워크를 통칭하는 것"으로 주민들 사이의 형성된 연대감이나 관계를 의미하고 "공적 영역의 사회적 역량으로 행위자들 간 관계에 내재되어 있다."[28] 네트워크들을 연결하는 네트워킹 과정이 중요하며, 신뢰와 상호협력을 통해서 이러한 사회자본이 형성되므로 교회는 이러한 과정을 통해서 지역사회의 네트워크에 참여하여 공적 신뢰를 형성하고 교회의 자원을 지역사회복지를 위해 제공할 수 있게 된다.

나단 코빗(J. Nathan Corbitt)과 닉스 얼리(Vivian Nix-Early)는 NEFA(New England Foundation for the Arts)와 볼티모어 뉴송(New Song) 교회의 사례를 소개한다. 이들은 지역의 문화예술 네트워크를 형성하여 지역사회의 현안을 해결하였다. 1993년 설립된 NEFA

---

28) 김영종, "지역복지 네트워크의 이해," 한국사회복지행정학회 편, 『사회복지 네트워킹의 이해와 적용』(서울: 학지사, 2008), 15쪽.

는 지역문화 네트워크를 형성하여 공동체 만들기에 주력했다. 지역공유지나 유휴지에 청년과 10대들을 참여시켜 자신들의 공간을 만들어가도록 지원하거나 스스로 영화를 찍거나 음악을 배울 수 있도록 아카데미를 신설하고 지역의 예술가들이 창작활동을 할 수 있도록 센터를 만들었다. 이런 일들을 통해 마을의 공동체가 회복되었다. 또 낙후되고 분리되어 있던 지역에서 뉴송 교회는 지역의 병원, 학교, NGO들을 네트워크하여 해비타트 운동을 시작했고 청소년들을 위해 교육센터를 만들어 지역사회가 함께 이들을 지원하는 방과 후 학교를 개설하여 운영하였다. 그 결과 지역의 문화적 수준이 향상되었을 뿐 아니라 지역사회가 하나의 공동체가 되었다.[29]

이러한 예는 아직 우리나라에서는 현실화되지 못하고 있다. 문화복지의 개념도 아직 교회에 도입되지 못했고, 다만 문화선교나 문화사역으로 익숙해져 있기 때문에 여전히 교회 중심의 패러다임에서 벗어나지 못하고 있다. 지역사회의 문화복지를 실천하기 위해서 지역교회는 지역문화를 우선적으로 파악해야 한다. 지역의 필요를 파악하고 지역의 문화적 자원을 알아야 선별적 네트워크 선정이 가능하기 때문이다. 교회의 문화복지실천은 타 단체와 달리 선교적 목적을 동반하므로 지역의 모든 자원과 협력하기에는 제한이 없을 수 없다.

최근 대학로에 위치한 동숭교회는 전문연구기관에 의뢰하여 〈동숭교회 지역문화조사〉[30] 보고서를 발간하였다. 3개월간 지역의 주민들과

---

29) J. Nathan Corbitt & Vivian Nix-Early, *taking it to the streets: using the ARTS to transform your COMMUNITY*(Grand Rapids: Baker, 2003), p. 173-83.

30) 도시공동체연구소와 연계하여 전문연구자들과 교회 내의 전문사역자들이 함께 공동으로 작업을 진행하였으며 3개월간의 설문분석 작업과 결과발표 세미나를 함으로써 지역교회로서 지역공동체를 위한 중요한 근거를 마련하였다.

문화단체 관계자들을 대상으로 설문조사를 실시하였다. 여기에는 대학로에 대한 지역주민의 평가와 문화적 기대치에 대한 평가가 객관적으로 드러나 있고, 또 교회의 지역성에 대한 평가 즉 지역주민이 바라보는 교회에 대한 인식도도 나타나 있다. 이런 작업을 통해 교회는 문화복지실천을 수행하기 위해 교회 내 도서관을 중심으로 하는 대학로 문화교육 프로젝트를 시작하려고 하며 교회의 극장과 카페의 공공성을 확대하려고 한다. 이를 위해서 대학로 지역의 문화자원과 문화단체, 그리고 문화정책관계자들을 네트워킹한 '대학로의 미래를 생각하는 사람들의 모임'을 결성하여 해당 지역 단체장과 대화의 모임도 주선하였다.

지역사회복지실천은 이제 지역의 공공 영역의 확대를 지향하고 있으며, 이는 문화사회의 이상을 반영하고 있다. 교회의 지역사회봉사도 지역적 네트워크를 형성하여 지역의 문화복지적 수준을 향상시키는 일에 기여해야 한다. 지역주민의 인간적 삶의 미학적이고 윤리적인 품격을 고조시키고 다양한 문화활동을 경험할 수 있도록 지원하여 스스로 지역현안을 해결할 수 있도록 지원해야 한다.

무엇보다 교회의 지역사회복지실천으로서의 문화복지를 통한 지역선교는 인간의 삶을 가장 아름답고 공의롭게 전망하는 '하나님나라'의 비전을 향해 나아가야 한다. 인간의 삶을 풍요롭게 하는 것을 넘어 하나님의 공의로운 통치가 온 세상에 이루어지도록 하는 것이다. 우리는 이 비전이 그 어떤 정책보다도 더 강력하게 우리가 살아가는 지역과 동네의 변혁에 가장 분명한 근거를 제시한다고 믿는다. 한국교회가 지역교회로서 지역사회의 일원이 되어 지역을 변혁하는 일들이 문화복지의 실천을 통해 구체화되어야 한다.

# 제3장

# 사회혁신에 기여하는 지역선교

# Chapter 03

# 사회혁신에 기여하는 지역선교

성 석 환

(도시공동체연구소 소장)

'지역공동체와 문화복지' 라는 주제로 연구와 조사를 위해 2012년 겨울에 런던을 방문했다. 도시선교 단체, NGO, 지역교회, 성공회 유관 단체 등을 탐방하면서 지역공동체를 지향하는 도시선교의 흐름과 지역의 문화복지에 끼치는 영향력을 조사하려고 했다. 도시문제에 대해 가장 활발하게 논의하고 실천에 옮기고 있는 곳이 영국이요, 런던이라고 할 수 있다. 도시를 어떻게 재생하고 계획할 것인지, 또 그러한 작업은 무엇을 목표로 삼아야 하는지, 그것을 통해 인간은 무엇을 잃고 얻을 수 있는지에 대한 거대한 실험실이다.

그런데 여러 단체들과 교회들을 방문하면서 눈에 더 많이 들어 온 단어는 '지역공동체' 나 '문화복지' 라기보다는 오히려 '사회혁신(social innovation)' 이었다. 지역의 교회들을 방문했을 때에도 대부분 영국 사회의 혁신이라는 큰 흐름 속에서 도시선교와 지역선교를 연결하는 인상을 받게 되었고, 영국의 사회단체나 NGO들을 포함해 정부가 운영하는 기관들을 방문했을 때에도 런던은 온통 혁신에 대한 갈망으로 가득 차 있음을 느낄 수 있었다.

이는 비단 영국만이 아니라 유럽 전체의 분위기였는데, 그들은 서로 기계적으로 통합되어 있지 않으면서도 정부, NGO, 시민사회, 종교계가 '사회적 혁신'이라는 한 방향을 향해 각자의 위치에서 필요한 일들을 전개해 나가고 있었다. 미국과는 전혀 다른 특징이라고 할 수 있는데, 아직도 슈퍼스타나 메가 처치가 전체의 흐름을 주도하고 있는 것과는 달리 영국의 경우 협업과 네트워크를 통한 사회 전반의 변화를 추구하고 있다.


## 1. 그들은 왜 혁신을 말하나?

2011년 8월에 비엔나에서 열린 "Challenge Social Innovation, CSI"가 채택한 "비엔나 선언"[31]은 유럽이 2020년까지 현재 직면한 취업, 기후, 교육, 빈곤, 이민 등의 사회적 문제를 해결하기 위해 '사회혁신'을 새로운 패러다임으로 수용해야 한다고 주장한다. 이 혁신은 열린(open) 과정이어야 하며 기업이나 정부만의 몫이 아니라 개인과 단체의 모든 네트워크가 함께 협업하여 전개해야 할 중대한 사안임을 선언하고 있다.

------

31) www.socialinnovation2011.eu

유럽의 사회혁신을 주도하는 몇 단체가 협업하여 유럽집행위원회 (European Commission)에 제출한 "이것이 유럽의 사회혁신이다.(This is European Social Innovation(2010)"에 의하면, 유럽의 사회혁신에 대한 관심은 최근 유럽의 경제적 위기에 직접적인 원인이 있다. 사회혁신을 통해 유럽은 좀 더 역동적(dynamic)이며 포괄적 (inclusive)이고 지속가능한(sustainable) 사회적 시장경제를 마련하고자 한다. 이를 위해 사회혁신을 위한 좀 더 안정적인 자금지원과 가시적인 성과들이 도출되어야 한다고 주장한다. 이들이 정의하는 사회혁신은 "충족되지 못한 필요들을 채워줄 수 있는 새로운 생각들에 관한 것"이며, "그 목적이 사회적이어야 하고 그 방법이 사회적이어야" 한다. 사회혁신은 "대안적이라기보다는 더 효율적으로 사회적 필요를 채우고 동시에 그로 인해 새로운 사회적 관계와 협력을 창조하는 모든 새로운 생각들(상품, 서비스, 모델)이다."[32]

이 분야에서 탁월한 연구와 저술을 한 멀건(Mulgan)은 사회혁신이 "기존 요소들의 조합 또는 혼합의 결과"이며, "분리되어 있던 개인과 그룹이 새로운 사회적 관계를 맺도록 유도한다."고 하면서 이를 위해 사회적 기업, 정부, 시장, 사회운동, 교육계 등의 경계를 넘나드는 혁신가들(꿀벌들이라 칭한다.)과 이들의 아이디어를 키울 수 있도록 지원하는 대규모 조직(나무들로 칭한다.)이 효과적으로 연합해야 한다고 주장한다.[33] 그가 서술하는 사회혁신의 역사를 보면 산업화, 도시화 시대부

---

32) *Open Book of Social Innovation*, March 2010, Murray, Calulier-Grice and Mulgan
33) Geoff Mulgan, 김영수 역, 『사회혁신이란 무엇이며, 왜 필요하며, 어떻게 추진하는가』 (서울: 시대의 창, 2011), 20-21.

터 더 나은 사회를 만들거나 더 효율적인 체계를 만들기 위한 시도들이 모두 포함되는데, 현재 요구되는 사회혁신은 기존의 방식으로는 해결되지 않는 새로운 사회적 문제들을 해결할 수 있는 사회적 관계망과 실현과정을 재구조화하는 것이다. 예컨대 노숙자들의 잡지인 「빅 이슈(Big Issue)」나 「노숙자 월드컵」[34]은 정부도 감당하기 어려운 오래된 사회적 문제를 전혀 새로운 방법으로 접근한 혁신적 시도였다. 멀건은 종교계의 사회혁신에 대해서도 평가하고 있는데, 나이팅게일을 지원한 아일랜드 자비 자매회, 남아프리카 반인종차별주의 운동, 미국의 흑인 민권운동, 마이크로 뱅킹 혁신 등이 모두 기독교적 전통을 가지고 있다.

그렇다면 그들이 말하는 오늘 유럽에서 "충족되지 않은 사회적 필요"란 무엇일까? 왜 충족되지 못하고 있는 것일까? 단순히 기술발전이 사회발전을 따라가지 못해 발생한 병리현상이 아니다. 미국에서 시작한 경제위기가 유럽 대륙을 강타하고 있으며 앞으로 당분간은 이러한 현상이 지속될 것이기 때문에 사회혁신의 요구는 더 강력해질 것이다. 앞서 언급한 대로 지금 유럽에서 요구하고 있는 사회혁신은 생존을 위한 새로운 패러다임, 즉 새로운 사회질서와 가치에 대한 요구이다. 그것은 '공동체(community)'를 향하고 있다. 그들이 더 나은 사회라고 말하는 실체는 도시의 공동체적 가치와 삶을 복원하는 것이다. 그래서

---

34) 최근 우리나라에서도 활성화되고 있는 「빅 이슈」는 1991년 영국의 존 버드가 설립한 잡지사로 편집은 전문가가, 판매는 노숙인이 맡는다. 사회적 기업인 이 잡지사는 구걸 대신 장사를 해서 생존을 할 수 있도록 노숙자들의 자립을 돕기 위해 만들어졌으며 이들은 이 잡지를 팔기 위해 특별한 교육과 태도를 교육받아야 한다. 「노숙자 월드컵」은 2003년 처음 열린 대회로 노숙자들의 사회적 연대감을 고취하고 고립감과 소외감을 극복하기 위해 영국의 멜 영과 오스트리아 노숙자 잡지 편집인 슈미트가 제창하여 시작되었다. 우리 나라에서도 최근 이 경기에 참가하려는 노숙자들이 언론에 보도된 바가 있다.

사회혁신은 다시 가치에 주목하며 상생의 조건들을 찾고자 한다.

　개인주의와 사회적 고립으로 아무런 도움과 지원을 받지 못하는 이들에게 사회적 관계를 제공하고, 도시적 삶에 만연한 불신과 분열을 공동체적 친근감을 경험함으로 극복할 수 있도록 혁신적 제도를 고안하며, 불평등과 불공정으로 인해 차별받는 이들이 없도록 하는 사회적 서비스를 정부에 제안하고 실현되도록 한다. 자신과 타자를 소외시키는 지배와 변혁의 패러다임에서 협력과 혁신의 패러다임으로 옮겨가야 한다는 것을 자각하고 있는 것이다. 과거처럼 식민지를 경영할 수도 없고 노예제도를 통해 자신들의 기득권을 유지할 수 없다. 이제 자신들의 터전과 삶의 구조를 혁신해서 다 같이 함께 더불어 잘사는 방법을 고안하지 않을 수 없다.


## 2. 런던에서 만난 몇 가지 사례들

　필자는 영국의 사회혁신에 있어서뿐만 아니라 전 세계적으로 이 분야에서 탁월한 성과를 내고 있는 '영 파운데이션(Young Foundation)'을 방문하기로 했다. 주로 이민자들과 노동자들이 몰려 살고 있는 런던 동부에 본부를 두고 있는 이 단체는 지난 50여 년간 영국 사회의 혁신에 큰 공헌을 했는데, 우리에게 익숙한 개방대학이나 사회적 기업가 학교를 비롯하여 의료서비스의 혁신적 개혁에도 기여했다. 미래학자 다니엘 벨(Daniel Bell)은 설립자 마이클 영(Michael Young)을 가장 성공한 사회적 기업가라고 평했다고 한다.

　이 단체는 최근 SIX(Social Innovation Exchange)[35]라는 프로그램

을 새로 시작했는데, 그 담당자를 만날 수 있었다. SIX는 사회혁신의 새로운 아이디어를 전 세계적으로 연결하고 공유하려 한다. 세계의 마을, 도시, 지역, 사회를 대상으로 새로운 혁신의 현장을 공유하고 서로의 문제에 대해서 토론하여 더 좋은 방안을 모색하고자 한다. 2008년 시작된 후 지금까지 3,000명이 넘는 혁신가들과 단체들이 연결되었다. 2012년 한국에서도 아시아포럼을 열 계획이라고 하는데, 국내의 여러 단체들도 함께 이 행사를 준비하고 있다고 한다.

필자는 영국 방문을 마치고 귀국한 다음 주에 '영 파운데이션'의 CEO인 사이먼 터거(Simon Tucker)의 강연을 국내 한 단체에서 들을 수 있었는데, 그는 사회혁신이 지역사회를 어떻게 변화시키는지에 대해 설명하였다. 특히 복지국가의 원조격인 영국의 경험을 토대로 자신들이 복지를 개인에게 맞춰 실행하여 비효율적 운영으로 인해 어려움을 겪었던 것을 볼 때 한국은 앞으로 더 많은 복지비용을 지출할 터, 개인보다는 공동체의 복지에 더 초점을 맞추면 좋겠다는 지적을 해 주었던 것이 기억에 남는다. '영 파운데이션'은 사회혁신을 위한 연구조사를 폭넓게 진행하고 있는데 이러한 자료들은 지역에서 실제적으로 더 나은 공동체를 만들기 위한 지침서로 채택되고 있다. 필자 역시 지역공동체 형성을 위한 다양한 아이디어를 이곳의 보고서를 통해 자극받는 경우가 많다.

다음으로는 NGO가 아니라 비즈니스 모델이지만 마치 사회적 기업처럼 사회혁신에 기여하면서도 이윤을 창출하는 '더 허브(the HUB)'[36]이다. 이곳 역시 전 세계의 연결망을 가지고 있으며 협업(collaboration)

---

35) www.socialinnovationexchange.org
36) www.the-hub.net

을 통해 창의적 발상과 지속적인 영향력을 활성화하려는 공간, 서비스, 네트워크이다. 만약 어떤 이 혹은 그룹이 매우 창의적인 아이디어를 가지고 있으나 어떻게 실행해야 할지, 어떻게 시작해야 할지 모를 때 '더 허브'가 필요한 물적, 인적 자원을 연결해 주고 지원해 주기도 한다. 그 아이디어는 매우 창의적이어야 하며 또 사회혁신에 기여할 수 있어야 하고 공동체적 협업이 가능한 것이어야 한다.

벤처나 사회적 기업이 함께 일할 수 있도록 창의적 업무환경을 제공하여 서로의 생각과 경험을 나눌 수 있도록 하고, 각 팀 혹은 기업, 그룹의 프로젝트를 네트워킹하여 도움을 줄 수 있으며 그에 필요한 교육, 지식, 정보를 제공하는 다양한 워크숍을 진행하기도 한다. 필자가 방문한 곳은 킹크로스 역의 허브였는데 복층의 창의적이고 캐주얼한 업무환경과 자유로운 공간배치가 인상적이었다. 최근 한국에도 '더 허브'가 설립할 움직임을 보이고 있다고 한다. 필자는 이곳을 방문하며 한국의 지역교회들이 이런 공간을 지역이나 청년부의 혁신적 젊은 이들에게 제공할 수 있다면 아주 멋진 프로젝트가 될 것이라고 생각해 보았다.

다음으로는 정부가 주도한 프로젝트이다. 화이트채플 역 역시 런던 동부의 낙후된 곳인데 이곳에 일종의 공립도서관인 '아이디어 스토어(Idea store)'가 있다. 몇 해 전 미국 캘리포니아의 공립도서관들을 탐방하면서 도서관이 지역사회에 밀접하게 연결되어 다양한 프로그램을 진행하고 있음을 보고 부러웠던 적이 있었는데, 런던의 이 도서관은 기존의 개념과는 전혀 다른 방식으로 사회혁신의 사례를 보여 주고 있다. 우리나라처럼 포장마차가 죽 늘어선 지역 한 가운데 잘 지어진 공공건물에는 편히 접근할 수 있는 장서들과 직업과 관련된 다양한 정보들,

그리고 배우고 익힐 수 있는 훈련센터(learning center), 그리고 식사를 할 수 있는 카페까지 갖춰져 있다. 대부분 동남아 이민자가 거주하는 곳인데, 시 당국은 낙후지역을 개발하기 위해 공동체가 와해되고 중심상권에 편입되는 방식이 아니라 현 지역의 거주민들이 스스로 자립할 수 있도록 지원하여 지역공동체를 유지할 수 있는 방법을 모색했다고 한다. 그래서 필요한 정보를 제공하고 직업을 찾을 수 있도록 지원하는 지역도서관을 설립하게 되었다. 당국이 실행한 사회혁신의 현장이다.

최근 필자가 소장을 맡고 있는 '도시공동체연구소'가 "지역공동체를 세우는 교회의 도서관 세미나"[37]를 진행했던 관계로 더 관심 있게 살펴보았는데, 한국에서 교회들이 세우는 도서관은 대부분 어린이 도서관이고 그나마도 대부분 영세한데 지역교회들이 관과 협력하여 이런 형태의 도서관을 만들 수 있다면 매우 좋은 지역공동체 형성 프로그램이 될 수 있을 것이다. 또 한국의 공립도서관들이 도서대여 업무가 대부분이고, 입시 공부나 고시 공부를 위한 공간으로 활용되는 것을 생각하면 런던의 사례는 도서관에 대한 혁신적 생각이 우리에게도 필요함을 알게 해 준다.

---

37) 본 세미나는 도시공동체연구소와 NCCK 문화영성위원회가 "문화목회 가이드 제작"을 목적으로 하여 진행되는 5회의 세미나 중 2회차 세미나였으며 해당 자료는 도시공동체연구소나 NCCK로 연락하면 얻을 수 있다.

# 3. 지역교회의 도시선교

　런던의 도시선교는 역사가 깊고 세계 여러 곳에 복음을 전하는 많은 선교단체들을 탄생시킨 저력이 여전히 힘을 발휘하고 있다. 필자는 지역교회가 도시선교를 통해 어떻게 지역사회와 함께 공동체적 문화를 만들고 있으며 이것이 지역의 문화복지에 어떻게 기여하는지를 살펴고자 했다. 그런데 전술한 대로 런던의 전반적인 분위기와 함께 맞물려 들어가는 일정한 방향성을 느낄 수 있었는데, 자신들이 의도했던지 그렇지 않았던지 사회혁신의 큰 흐름에 한 부분을 담당하여 종교의 공적 역할을 감당하고 있다고 생각하였다.

　방문 초기부터 영국 성공회와의 접촉을 시도했으나 여러 모로 어려움이 있었다. 사실 이번 방문은 2011년 여름 런던의 폭동으로 인해 연기되었던 일정이었는데, 그 폭동에 대한 도시선교적 입장도 얼핏 들을 수 있을 것으로 기대했다. 세계 최고의 도시에서 폭동이 일어났고 그것은 미국 월가에서 시작된 '점령시위(occupy)'와의 연관선상에서 논의되어야 한다는 주장이 많았다. 실제로 런던 중심부에 위치해 있어서 런던 시의 심장이라 할 수 있는 세인트폴(St. Paul) 성당 주위에는 수많은 천막 시위대가 진을 치고 자본주의에 저항하는 토론을 하고 있었다.

　런던의 남부(south bank) 지역은 한창 개발 중이며 앞으로 서울의 강남처럼 새로운 주거환경이 탄생할 것으로 보인다. 런던 성공회 남교구 대성당(the Southwark Cathedral)[38]에서　성공회 도시선교담당

---

38) http://cathedral.southwark.anglican.org
39) Andrew Davey, Urban Christianity and Global Order: Theological Resources

(Community and Urban Affair) 목사 앤드류 다베이(Andrew Davey)와 주교님의 친절한 안내로 그 일대의 도시선교 현장과 몇몇 지역교회들을 방문하였다. 그들의 관심은 한창 개발 중인 교구 지역에서 어떻게 하면 원주민들이 정착하고 약자들의 공동체가 파괴되지 않을 것인지에 대한 것이었다.

다베이 목사는 도시선교의 교단 정책을 수립하는 일에 많은 기여를 하고 있었는데, 그에 따르면 앞으로 런던의 도시선교는 정의, 평화, 빈곤퇴치 등의 전통적인 주제에서 사회혁신과 공동체 형성으로 옮겨가게 될 것이라고 보았다. 그는 "도시의 문화(the culture of the city)는 혼합적이고 하이브리드(hybrid)이며 복합적인 문화형식, 가치, 라이프스타일(lifestyle)로 도시의 모든 공동체에 강력한 영향을 끼친다."[39]라고 그의 책을 통해 말한다. 그에게 도시선교의 과제는 바로 이러한 새로운 공동체 형성에 영향을 끼치는 것이다. 가난한 이들과 부자들, 그리고 정치적으로 이념이 다른 이들의 이데올로기적 갈등을 조정하고 화해시켜 새로운 공공의 문화를 만들어 가는 것이다.

성공회의 또 다른 프로젝트인 "LondonChallenge2012"[40]의 성과, 즉 지역공동체를 런던 안에 많이 개척하여 도시선교의 새로운 전기를 마련하고자 했던 계획의 결과를 듣고 싶었으나 총회의 프로그램이 지역교회에 원활하게 전달되지 못하고 있는 실정은 우리와 비슷하였다. 필자는 이보다 더 큰 인상을 받은 사례는 바로 런던 중심부 내셔널 갤러리(National Gallery) 옆에 위치한 성공회 교회 St. Martin-in-

---

39) Andrew Davey, *Urban Christianity and Global Order: Theological Resources for an Urban Future* (London: SPCK, 2001), 20.

40) www.london.anglican.org

the-Fields[41]였다. 미리 계획하지 못하고 우연히 들린 곳이었는데, 성공회 소속인 이 전통적인 교회의 지하에는 매우 훌륭한 식당과 갤러리, 상점이 위치해 있는데 지역의 어르신들과 유색인종들에게 매우 인기가 높다고 하였다. 이곳에서는 점심과 저녁 시간에 본당에서 수준 높은 음악회가 거의 매일 열리고 있었는데 이 모든 수입은 지역사회를 위해 사용되고 있었다. 이 교회는 성도와 헌금이 계속 줄어들자 새로운 모색을 시도했는데 바로 유한기업을 설립하고 런던의 사회혁신의 흐름을 따라 사회적 기업을 도입했던 것이다. 지역에 저렴한 비용으로 고급문화를 접할 수 있는 서비스를 제공함으로써 문화적 연대에서 소외되는 사람이 없도록 하려는 의도가 있다는 것이다.

이런 점에서 적어도 런던의 교회는 사회혁신의 한 축으로 분명한 공적 역할을 감당하고 있었다. 아마도 이러한 공적 역할을 통해 지역공동체를 형성하고 있는 가장 좋은 사례는 '영 파운데이션'에서도 인정하고 있는 '브롬리 바이 보우 교회와 센터(Bromley by Bow Church & Center)'[42]일 것이다. 역시 동부에 위치한 이 교회는 1984년 URC(United Reformed Church) 소속의 앤드류 모슨(Andrew Mawson) 목사 일행이 낙후되고 소외된 지역을 재생하고 공동체를 복원코자 시작한 사역이었다. 건강센터를 세워 주로 이슬람교인들인 빈민들의 의료서비스를 제공하고 있고, 지역의 문화예술 전문가들과 지역주민을 연결하여 문화활동의 생산물들을 지역에 유통시킬 수 있도록 하였다. 그리고 지역에서 취업을 원하는 이들에게 직업훈련과 알선

---

41) www.smitf.org
42) www.bbbc.org.uk

을 지원하고 있었다. 이러한 교회의 활동에 시 당국은 여러 가지 지원을 아끼지 않았으며 현재는 공원과 건물을 센터 내에 확장할 수 있도록 했다.

이 교회의 사역 역시 사회적 기업을 통한 사회혁신에 깊은 연관을 맺고 있다. 2010/11 보고서에 따르면, 지난 6년간 새로운 30여 개의 사회적 사업이 창출되었고, 이로 인해 200개의 새로운 직업이 만들어졌고 3백만 파운드의 혜택이 지역공동체로 돌아갔다. 1000여 명의 사람들이 한 해 동안 진행된 프로젝트에 참여했는데, 공적 기금인 CAN DO PROJECT로부터 지원받아 지역의 가정과 아이들의 건강을 향상시키는 문화복지에 집중하였다. 교육에 있어서도 이 센터를 통해 2010년 22명이 사회적 기업의 전문학사를 취득했으며 4명의 학생이 자신들의 사회적 기업을 설립하였다. 개 교회가 감당하는 사역으로는 대단한 결과가 아닐 수 없다. 장애인들을 위한 직업훈련은 특히 ARTEAST라는 동아리 모임을 통해 예술을 통한 접근을 하고 있다.

안내자는 초기 사역 때부터 웨일즈에서 태동한 사회적 기업 스파이스(spice)[43]와 연계하여 지역사회를 위한 공공 서비스에 참여한 주민들에게 시간으로 환산된 크레디트로 공공서비스를 받거나 공적 자원을 서로 공유하여 활용할 수 있도록 하는 방법을 도입하였다고 한다. 이런 이유로 그들은 스스로를 "혁신적인 공동체적 조직(innovative community organization)"이라고 말한다.

---

43) http://www.justaddspice.org

# 4. 한국교회와 사회혁신

지금 한국교회의 위기를 극복하고자 많은 학자들과 목회자들이 노력하고 있다. 그러나 그러한 노력은 이제 현장과 사회 속에서 구체적으로 실천되지 않는다면 아무런 결실을 얻을 수 없을 것이다. 지역교회의 지역사회선교를 돕고 지역공동체 형성을 위한 다양한 자원과 자료를 공급하는 기관인 런던의 '커뮤니티미션(community mission)'[44], 그리고 가장 오래된 도시선교기관 '런던시티미션(London city mission)'[45]은 모두 복음적이면서도 사회적 필요에 응답하려는 노력을 게을리 하지 않고 있었다. 지역의 고통과 어려움에 귀를 기울이면서 가난한 이들과 소외된 이들이 지역공동체와 지역사회에 일원으로 소속감을 갖도록 배려하고 지원하는 것이 그들의 도시선교였다.

한국교회는 세계 어느 교회들보다 풍부한 자원과 재원을 가지고 있다. 이것들을 교회 구성원들만을 위해 소모한다면 현재 겪고 있는 한국교회의 어려움을 극복하기 어렵게 될 것이다. 런던의 교회나 시민단체, 정부는 마치 한 몸처럼 더 나은 사회를 건설하기 위한 혁신에 동참하고 있다. 교회는 교회의 자리에서, 기업은 기업대로, 정부는 정부의 몫으로 도시에서 공동체적 삶을 더 풍요롭게 만들기 위해 많은 창의적 아이디어와 모험을 감행하고 있다. 한국교회는 지나치게 목회 중심적 구조가 강하다보니 지역사회의 필요에 응답하는 공적인 역할이 교회의 본업(?)이 아니라고 생각하는 경우가 많다.

---

44) www.communitymission.org.uk

45) www.lcm.org.uk

그러나 수백 년이 넘은 성당 지하에 사회적 기업을 운영하고, 종교가 다른 지역에서 그들의 인간적 복지를 위해 헌신하며 지역공동체가 건강하게 유지되도록 공적 서비스를 지원하는 일들은 바로 이 시대에 교회가 함께 해야 할 중요한 사역들이며 무엇보다 이를 통해서 사회혁신의 바른 방향과 도덕적 지침을 세우는 공적 역할을 감당할 수 있어야 한다. 사회혁신을 통해 다시 가치와 의미를 찾고 있는 유럽인들은 지혜로운 사람들임에 틀림없다. 물론 교세나 규모로 보면 한국교회가 훨씬 우세하다. 그러나 사회적 신뢰도는 지금 자랑할 수 없는 상태이다. 한국사회도 지금 혁신이 필요하며 더 나은 사회를 위한 각계의 노력이 이어지고 있다. 우리의 경우 지나친 관주도 정책으로 인해 사회혁신의 의미가 퇴색한 감도 있는데, 지역교회들이 지역사회에서 공적 서비스와 문화복지에 기여한다면 바닥에서 위로 올라가는 한국적 사회혁신의 토대가 될 수 있을 것이다.

트렌드에 민감한 미국 스타일의 목회와 교회 운영에 익숙한 한국교회가 사회적 책임과 공적 역할을 통해 사회혁신에 기여하고 있는 영국의 사례들에도 관심을 기울여주기를 바란다. 선교 초기에 의료와 교육을 통해 민족의 소망이 되고 사회적 혁신에 기여했던 한국교회의 전통이 도시화, 산업화 기간 동안 급성장하다 보니 많이 약화되었다. 좀 더 지역사회의 필요에 가까이 가는 교회, 사회적 기업과 같은 혁신적 방법으로 지역사회의 변화를 이끌어 가는 교회, 가치와 의미를 지향하는 도덕적 지도력으로 지역의 갈등과 문제를 조정해 나가는 교회의 공적 역할을 다시 감당하는 한국교회가 되기를 소망한다. 이러할 때 사람들은 우리의 착한 행실을 보고 하나님께 영광을 돌리게 될 것이다.(마 5:16)

# 제4장

# 거룩한빛광성교회 사회선교 평가

# Chapter 04

# 거룩한빛광성교회 사회선교 평가

조성돈 교수

(실천신학대학원대학교/목회사회학연구소)

## 1. 거룩한빛광성교회의 이해

거룩한빛광성교회는 이제 설립된 지 15년 된 교회이다. 현재 한국교회의 상황을 고려해 본다면 15년 된 교회는 자립하는 것도 쉽지 않다. 그런데 현재 교회는 장년출석인원이 6,700명을 헤아리고 있다. 한국에서 급성장한 대표적인 교회라고 할 수 있다. 이 교회의 성장요인을 꼽자면 교회가 내세우고 있는 3대 목표, 5대 비전에서 찾을 수 있다. 3대 목표는 '섬기는 교회, 인재를 양성하는 교회, 상식이 통하는 교회'이다. 5대 비전은 '지역사회 문화중심, 고양파주 성시본부, 한국교회 개혁모델, 북한선교 전초기지, 세계선교 중심센터'이다. 거룩한빛광성교회는 창립 초기부터 이러한 3대 목표와 5대 비전을 성도들과 공유해 왔다. 3대 목표는 교회 창립 때 담임목사에 의해서 선포되어졌고, 5대 비전은 교회가 5주년 되었을 때 '비전 위원회'를 구성해서 성도들의 자발적인 참여로 논의 끝에 완성되었다. 그리고 이러한 목표와 비전은 성도들에게 계속적으로 교육되어졌고, 그것이 교회의 체질로 드러나기까지 의도적인 실천이 이루어졌다.

본고와 관련해서 우리가 볼 부분은 3대 목표 중 '섬기는 교회'이다. '섬기는 교회'는 리더십에 대한 부분이 먼저 나온다. 목사가 교인을, 장로가 교인을 섬기겠다는 의지의 표현이다. 즉 일반적인 교회의 권위주의적인 리더십이 아니라 섬김의 리더십을 발휘하겠다는 것이다. 그런데 이 섬김은 더 나아가서 교회가 지역사회를 섬기겠다는 표현으로 발전한다. 단순히 교회 안에서의 섬김만이 아니라 지역사회에서의 섬김을 실천하겠다는 것이다. 이러한 목표의 실천과정에서 나타나는 것이 바로 5대 비전이다. 지역사회에 문화를 통해서 중심의 역할을 감당하겠다는 것이다. 이것을 위해서 교회는 일찍 문화센터와 도서관을 시작했다. 특히 문화센터는 현재 평생교육원으로 발전했는데 교회가 시작되고 바로 다음해부터 시작하여 크게 발전한 형태이다. 현재 평생교육원에서는 약 200개 정도의 강좌에 750명 정도의 수강생이 있다. 요즘은 다른 곳에서 문화강좌들이 생겨나면서 줄어든 것이고 최고로 많이 모일 때는 1,500명 정도가 수강했다고 한다. 바로 이러한 것을 통해서 교회는 사회를 섬기며 문화의 중심으로 한 걸음씩 나아간 것이다.

그리고 '고양파주 성시본부'는 단순히 이곳을 전도하여 예수 믿는 사람을 많이 만들겠다는 표현이 아니라 교회가 사역을 하고 있는 이 두 곳을 거룩한 곳으로 만들겠다는 의지가 포함되어 있다. 즉 예수 믿는 사람들이 많아지는 것으로 끝나는 것이 아니라 이곳에 하나님 나라를 임하도록 하겠다는 표현이다. 바로 여기에 사회봉사의 사역이 자리하는 것이다. 하나님의 통치가 이루어지는 하나님 나라가 다른 곳이 아니라 이곳에 임하도록 교회가 앞장서겠다는 것이다. 그래서 이곳에 사는 사람들이 이 지역에서 불행이 아니라 행복을 누리면서 살 수 있도록 섬기겠다는 표현이다.

'한국교회 개혁모델'은 바로 이러한 사역을 뒷받침하는 교회의 모습이다. 한국교회를 개혁하겠다는 것이 아니라 자신이 바로 그러한 개혁의 모델이 되겠다는 이 비전은 놀랍다. 이러한 모습을 실천하기 위해서 교회는 일찍부터 예산의 투명성을 강조했고, 예산의 일정부분은 꼭 외부를 향해서, 즉 사회에 봉사하는 곳으로 쓰겠다고 선언해 왔다. 그러한 실천이 현재 나타나고 있는 거룩한빛광성교회의 다양한 봉사사역이라고 할 수 있다. 특히 해피월드 재단의 설립은 그러한 교회의 노력의 대표적 열매이다. 교회가 재정을 후원하지만 교회 것으로 여기지 않고 공익재단으로 내어 놓겠다는 표현이다. 외부 전문가들을 영입하여 운영을 맡기고, 외부 이사들을 통해서 재단의 투명성을 높이고 있다. 그러다 보니 전문성이 높아져서 외부에서도 인정을 받아 여러 부분에서 중앙정부와 지방정부에서 수상을 한 적도 있다. 교회가 직접 어깨띠 두르고 하는 봉사가 아니라 순수하게 봉사의 정신으로 하는 이러한 일들이 지역을 변화시켜 나가는 것을 볼 수 있다. 이러한 것이 가능할 수 있었던 것이 바로 교회가 개혁모델이 되겠다는 의지에서 출발한 것이라고 볼 수 있다.

거룩한빛광성교회는 무엇보다도 이러한 정신들이 살아 있고, 움직여가는 교회이다. 그러한 표현들이 교회의 다양한 사회선교 사역으로 드러난 것이다. 본고에서 교회의 사회선교 사역을 평가한다는 것은 바로 이러한 배경에서 이해되어져야 한다.

거룩한빛광성교회는 2012년 창립 15주년을 기하여 중간평가 형식의 교회 컨설팅 작업을 목회사회학연구소에 의뢰하여 실시하였다. 조사는 2011년 7월부터 11월까지 이루어졌다. 교회 내부적으로는 48명의 심층인터뷰와 479부의 설문조사가 실시되었다. 동시에 지역사회에서 거룩한빛광성교회를 어떻게 인식하고 있는지, 그리고 교회의 사역들에 대해서 어떻게 평가를 하고 있는지를 조사하였다. 본고는 바로 이 지역사회 설문조사에서 나온 결과를 일부 발췌하여 보고하고자 한다.

## 1. 설문조사 결과

### 1) 조사방법

설문조사는 교회가 위치하고 있는 지역인 탄현동, 덕이동 및 기타 유동 인구가 많은 일산 지역과 교하 지역에서 이루어졌고 총 500부의 설문지를 배포하여 452부의 유효설문지를 얻었다. 그리고 이 설문지를 여론조사 전문기관인 〈G. H. 코리아〉에 의뢰하여 자료 입력 및 통계 처리의 도움을 받았고, 그곳에서 받은 결과에 근거하여 보고서를 만들었다.

### 2) 응답자의 특성

452명의 응답자 중 지역주민은 85.6%인 387명이었고, 8.6%는 지역직장인, 4.2%는 기타였다. 지역주민이라고 응답한 387명 중에서 교회 근처인 탄현동/덕이동이라고 응답한 사람은 19.4%였고, 교하읍은 21.2%, 그리고 기타 일산 지역이 43.4%, 기타 파주 지역이 14.2%였다. 즉 설문은 교회를 중심으로 한 지역뿐만 아니라 일산과 파주 전 지역의 주민들을 대상으로 하였다.

이 조사에서 중요한 변수로 작용할 수 있는 종교별 구성은 개신교가 41.2%로 가장 많았고, 다음으로 비종교가 34.5%, 그리고 불교 11.7%, 천주교 11.1%, 유교 0.9%, 무속 0.7% 순이었다. 개신교가 상대적으로 많은 것은 질문지를 나누었을 때 교회에서 나왔다고 하면 거부하는 사람들이 많았기 때문이다. 이번 통계에서는 이러한 사항은 좀 감안되어야 한다.

### 3) 응답결과 중 발췌사항

① 거룩한빛광성교회 인지도

거룩한빛광성교회가 있다는 것을 알고 있는지에 대한 질문에 대한 조사결과, 매우 잘 알고 있다"는 응답이 25.0%, "대체로 알고 있다"는 응답이 25.6%가 나와 51.8%가 긍정의 응답을 하였고, "전혀 모르고 있다"(31.2%)를 포함하여 45.8%는 부정의 응답을 하였다. 지역별로는 교하읍 지역에서 교회를 알고 있다는 응답이 높았고, 종교별로는 개신교인들의 긍정률이 가장 높아 74.2%가 "교회를 알고 있다"고 응답하였으나 다른 종교를 가진 사람들의 긍정률은 40% 정도에 그쳐 거룩한빛광성교회가 타종교인들에게는 상대적으로 덜 알려져 있는 것으로 나타났다.

# 〈표1〉 거룩한빛광성교회 인지도

| | | 사례수 | ① 매우 잘 알고 있다 | ② 대체로 알고 있다 | ③ 별로 알고 있지 못하다 | ④ 전혀 모르고 있다 | ◐알고 있음 (①+②) | ◐모름 (③+④) | 무응답 |
|---|---|---|---|---|---|---|---|---|---|
| | | | % | % | % | % | % | % | % |
| 전 체 | | (452) | 25.0 | 26.8 | 14.6 | 31.2 | 51.8 | 45.8 | 2.4 |
| 응답자 구분 | 지역 주민 | (387) | 27.9 | 26.6 | 14.0 | 30.2 | 54.5 | 44.2 | 1.3 |
| | 지역 직장인 | (39) | 5.1 | 30.8 | 15.4 | 43.6 | 35.9 | 59.0 | 5.1 |
| | 기타 지역주민 | (19) | 15.8 | 26.3 | 26.3 | 26.3 | 42.1 | 52.6 | 5.3 |
| | 모름/ 무응답 | (7) | 0.0 | 14.3 | 14.3 | 28.6 | 14.3 | 42.9 | 42.9 |
| 거주 지역 | 교 하 읍 | (82) | 35.4 | 31.7 | 11.0 | 20.7 | 67.1 | 31.7 | 1.2 |
| | 탄현/ 덕이동 | (75) | 28.0 | 26.7 | 12.0 | 33.3 | 54.7 | 45.3 | 0.0 |
| | 기타일산지역 | (168) | 29.8 | 23.8 | 14.9 | 30.4 | 53.6 | 45.2 | 1.2 |
| | 기타파주지역 | (55) | 14.5 | 29.1 | 16.4 | 38.2 | 43.6 | 54.5 | 1.8 |
| | 모름/ 무응답 | (7) | 0.0 | 14.3 | 28.6 | 42.9 | 14.3 | 71.4 | 14.3 |
| 성 별 | 남 자 | (162) | 21.0 | 24.1 | 14.8 | 38.9 | 45.1 | 53.7 | 1.2 |
| | 여 자 | (284) | 27.8 | 27.8 | 14.4 | 27.5 | 55.6 | 41.9 | 2.5 |
| | 모름/ 무응답 | (6) | 0.0 | 50.0 | 16.7 | 0.0 | 50.0 | 16.7 | 33.3 |
| 연 령 | 20 대 미만 | (53) | 22.6 | 17.0 | 15.1 | 43.4 | 39.6 | 58.5 | 1.9 |
| | 20 대 | (146) | 21.2 | 24.0 | 11.0 | 43.2 | 45.2 | 54.1 | 0.7 |
| | 30 대 | (71) | 22.5 | 18.3 | 18.3 | 36.6 | 40.8 | 54.9 | 4.2 |
| | 40 대 | (92) | 27.2 | 40.2 | 16.3 | 13.0 | 67.4 | 29.3 | 3.3 |
| | 50대 이 상 | (87) | 33.3 | 31.0 | 13.8 | 19.5 | 64.4 | 33.3 | 2.3 |
| | 모름/ 무응답 | (3) | 0.0 | 0.0 | 66.7 | 0.0 | 0.0 | 66.7 | 33.3 |
| 혼인 여부 | 미 혼 | (208) | 21.6 | 22.1 | 13.9 | 40.9 | 43.8 | 54.8 | 1.4 |
| | 기 혼 | (221) | 28.5 | 32.6 | 15.4 | 20.8 | 61.1 | 36.2 | 2.7 |
| | 모름/ 무응답 | (23) | 21.7 | 13.0 | 13.0 | 43.5 | 34.8 | 56.5 | 8.7 |
| 종 교 | 개 신 교 | (186) | 43.5 | 30.6 | 10.2 | 14.5 | 74.2 | 24.7 | 1.1 |
| | 천 주 교 | (50) | 16.0 | 20.0 | 18.0 | 46.0 | 36.0 | 64.0 | 0.0 |
| | 불 교 | (53) | 13.2 | 28.3 | 15.1 | 35.8 | 41.5 | 50.9 | 7.5ㄴ |
| | 유 교 | (4) | 75.0 | 25.0 | 0.0 | 0.0 | 100.0 | 0.0 | 0.0 |
| | 무 속 | (3) | 0.0 | 33.3 | 33.3 | 33.3 | 33.3 | 66.7 | 0.0 |
| | 무 교 | (156) | 9.0 | 23.7 | 18.6 | 45.5 | 32.7 | 64.1 | 3.2 |
| 거주지 거주 기간 | 2년 미만 | (78) | 32.1 | 26.9 | 9.0 | 29.5 | 59.0 | 38.5 | 2.6 |
| | 2~5년 미만 | (92) | 31.5 | 28.3 | 15.2 | 23.9 | 59.8 | 39.1 | 1.1 |
| | 5~10년 미만 | (101) | 24.8 | 23.8 | 16.8 | 34.7 | 48.5 | 51.5 | 0.0 |
| | 10년 이상 | (76) | 21.1 | 34.2 | 15.8 | 27.6 | 55.3 | 43.4 | 1.3 |
| | 모름/ 무응답 | (40) | 32.5 | 15.0 | 10.0 | 40.0 | 47.5 | 50.0 | 2.5 |

② 거룩한빛광성교회 관련 기관/시설별 인지여부

거룩한빛광성교회의 각각의 시설 및 기관에 대한 인지도 조사에서, 광성드림학교는 응답자의 27.0%가 알고 있었고, 한나래선교원은 14.4%, 파주시노인복지관은 19.9%, 해피천사는 11.3%, 해피뱅크는 8.2%, 광성노인요양시설은 14.4%, 평생교육원은 17.7%, 올리브향기카페는 17.7%, 광성북카페는 15.9%, 스포츠선교단은 9.3%, 지저스아트홀은 15.5%, 광성해피타트는 9.1%, 쿰치유센터는 7.7%, 노아스쿨은 9.5%가 알고 있다고 응답하여, 광성드림학교, 파주시노인복지관, 평생교육원, 올리브향기카페, 광성북카페, 지저스아트홀, 체육관에 대한 인지도가 상대적으로 높은 것으로 나타났다.

그러나 모두 모른다는 응답도 53.8%에 달해 교회 시설을 외부인도 이용할 수 있도록 홍보를 강화할 필요가 있는 것으로 나타났다. 특히 비개신교들에게서는 모두 "모른다"는 응답이 더 높게 나와 종교와 상관없이 교회 시설을 이용할 수 있도록 방안을 마련할 필요가 있겠다.

## 〈표2〉 거룩한빛광성교회 관련 기관/시설별 인지여부

| | | 사례수 | 광성드림학교 | 한나래선교원 | 파주시노인복지관 | 해피천사 | 해피뱅크 | 광성노인요양시설 | 평생교육원 | 올리브카페 | 광성북카페 | 스포츠선교단 | 지저스아트홀 | 광성해피타트 | 체육관 | 쿰치유센터 | 노아스쿨 | 모두모름 |
|---|---|---|---|---|---|---|---|---|---|---|---|---|---|---|---|---|---|---|
| | | | % | % | % | % | % | % | % | % | % | % | % | % | % | % | % | % |
| 전 체 | | (452) | 27.0 | 14.4 | 19.9 | 11.3 | 8.2 | 14.4 | 17.7 | 17.7 | 15.9 | 9.3 | 15.5 | 9.1 | 15.3 | 7.7 | 9.5 | 53.8 |
| 응답자구분 | 지역 주민 | (387) | 28.7 | 15.5 | 20.7 | 12.4 | 9.0 | 15.2 | 18.1 | 19.1 | 16.3 | 9.8 | 16.8 | 10.1 | 16.0 | 8.5 | 10.3 | 53.0 |
| | 지역 직장인 | (39) | 15.4 | 5.1 | 17.9 | 5.1 | 2.6 | 10.3 | 12.8 | 7.7 | 12.8 | 5.1 | 5.1 | 0.0 | 5.1 | 0.0 | 2.6 | 59.0 |
| | 기타 지역주민 | (19) | 26.3 | 15.8 | 10.5 | 5.3 | 5.3 | 10.5 | 26.3 | 15.8 | 21.1 | 10.5 | 15.8 | 10.5 | 26.3 | 10.5 | 10.5 | 47.4 |
| | 모름/ 무응답 | (7) | 0.0 | 0.0 | 14.3 | 0.0 | 0.0 | 0.0 | 0.0 | 0.0 | 0.0 | 0.0 | 0.0 | 0.0 | 0.0 | 0.0 | 0.0 | 85.7 |
| 거주지역 | 교 하 읍 | (82) | 31.7 | 15.9 | 20.7 | 14.6 | 7.3 | 13.4 | 19.5 | 20.7 | 17.1 | 7.3 | 18.3 | 8.5 | 13.4 | 6.1 | 8.5 | 54.9 |
| | 탄현/ 덕이동 | (75) | 34.7 | 20.0 | 18.7 | 16.0 | 13.3 | 21.3 | 22.7 | 25.3 | 18.7 | 12.0 | 20.0 | 17.3 | 20.0 | 12.0 | 16.0 | 54.7 |
| | 기타일산지역 | (168) | 30.4 | 17.9 | 19.6 | 13.7 | 10.7 | 17.3 | 19.6 | 19.6 | 19.6 | 13.1 | 19.0 | 10.7 | 19.0 | 11.3 | 12.5 | 50.0 |
| | 기타파주지역 | (55) | 14.5 | 1.8 | 29.1 | 1.8 | 1.8 | 5.5 | 5.5 | 9.1 | 3.6 | 1.8 | 3.6 | 1.8 | 5.5 | 0.0 | 0.0 | 54.5 |
| | 모름/ 무응답 | (7) | 0.0 | 14.3 | 0.0 | 0.0 | 0.0 | 0.0 | 14.3 | 0.0 | 0.0 | 0.0 | 14.3 | 0.0 | 14.3 | 0.0 | 0.0 | 71.4 |
| 성별 | 남 자 | (162) | 18.5 | 8.0 | 17.9 | 8.6 | 7.4 | 11.7 | 9.3 | 16.7 | 11.7 | 9.3 | 14.2 | 7.4 | 14.8 | 8.0 | 8.0 | 61.7 |
| | 여 자 | (284) | 31.7 | 18.0 | 21.1 | 13.0 | 8.8 | 15.8 | 22.5 | 18.3 | 18.3 | 9.5 | 16.5 | 10.2 | 15.8 | 7.7 | 10.6 | 49.3 |
| | 모름/ 무응답 | (6) | 33.3 | 16.7 | 16.7 | 0.0 | 0.0 | 16.7 | 16.7 | 16.7 | 16.7 | 0.0 | 0.0 | 0.0 | 0.0 | 0.0 | 0.0 | 50.0 |
| 연령 | 20 대 미 만 | (53) | 24.5 | 5.7 | 11.3 | 5.7 | 3.8 | 7.5 | 15.1 | 11.3 | 15.1 | 5.7 | 15.1 | 7.5 | 26.4 | 5.7 | 5.7 | 47.2 |
| | 20 대 | (146) | 23.3 | 13.0 | 19.9 | 10.3 | 11.0 | 9.6 | 17.1 | 20.5 | 17.1 | 9.6 | 19.2 | 11.6 | 20.5 | 9.6 | 10.3 | 52.7 |
| | 30 대 | (71) | 29.6 | 22.5 | 18.3 | 7.0 | 8.5 | 9.9 | 18.3 | 16.9 | 15.5 | 9.9 | 12.7 | 8.5 | 9.9 | 8.5 | 8.5 | 56.3 |
| | 40 대 | (92) | 32.6 | 19.6 | 22.8 | 17.4 | 6.5 | 22.8 | 22.8 | 18.5 | 19.6 | 9.8 | 16.3 | 6.5 | 9.8 | 4.3 | 9.8 | 53.3 |
| | 50대 이 상 | (87) | 27.6 | 10.3 | 23.0 | 13.8 | 8.0 | 21.8 | 14.9 | 17.2 | 11.5 | 10.3 | 11.5 | 9.2 | 10.3 | 9.2 | 11.5 | 57.5 |
| | 모름/ 무응답 | (3) | 0.0 | 0.0 | 33.3 | 0.0 | 0.0 | 0.0 | 0.0 | 0.0 | 0.0 | 0.0 | 0.0 | 0.0 | 0.0 | 0.0 | 0.0 | 66.7 |
| 혼인여부 | 미 혼 | (208) | 24.0 | 11.5 | 18.8 | 9.6 | 9.6 | 9.6 | 17.8 | 19.2 | 16.8 | 9.1 | 19.2 | 11.1 | 21.6 | 9.1 | 9.6 | 51.0 |
| | 기 혼 | (221) | 30.8 | 17.6 | 20.8 | 13.1 | 6.8 | 19.9 | 19.0 | 16.7 | 16.3 | 10.0 | 12.7 | 7.7 | 10.0 | 6.3 | 9.5 | 55.2 |
| | 모름/ 무응답 | (23) | 17.4 | 8.7 | 21.7 | 8.7 | 8.7 | 4.3 | 4.3 | 13.0 | 4.3 | 4.3 | 8.7 | 4.3 | 8.7 | 8.7 | 8.7 | 65.2 |
| 종교 | 개 신 교 | (186) | 47.3 | 29.0 | 29.0 | 23.7 | 15.1 | 25.3 | 29.6 | 33.3 | 31.2 | 17.7 | 29.6 | 15.6 | 22.0 | 16.1 | 19.9 | 38.7 |
| | 천 주 교 | (50) | 8.0 | 2.0 | 16.0 | 2.0 | 2.0 | 12.0 | 4.0 | 6.0 | 4.0 | 6.0 | 8.0 | 6.0 | 8.0 | 4.0 | 8.0 | 66.0 |
| | 불 교 | (53) | 15.1 | 5.7 | 9.4 | 1.9 | 3.8 | 5.7 | 11.3 | 3.8 | 9.4 | 3.8 | 1.9 | 3.8 | 7.5 | 1.9 | 3.8 | 66.0 |
| | 유 교 | (4) | 50.0 | 0.0 | 25.0 | 0.0 | 0.0 | 50.0 | 0.0 | 50.0 | 25.0 | 25.0 | 25.0 | 25.0 | 75.0 | 0.0 | 0.0 | 0.0 |
| | 무 속 | (3) | 0.0 | 0.0 | 0.0 | 0.0 | 0.0 | 0.0 | 0.0 | 0.0 | 0.0 | 0.0 | 0.0 | 0.0 | 0.0 | 0.0 | 0.0 | 100 |
| | 무 교 | (156) | 12.8 | 4.5 | 14.1 | 3.2 | 3.8 | 4.5 | 10.9 | 7.1 | 3.8 | 1.9 | 5.8 | 3.8 | 10.9 | 1.3 | 0.0 | 64.1 |

③ 거룩한빛광성교회 지역사회 복지 및 지역 발전 기여도

거룩한빛광성교회가 지역사회 복지 및 지역 발전에 얼마나 기여를 했을까를 물었다. 이에 대해 "매우 많이 기여한다"(8.2%)와 "어느 정도 기여한다"(30.8%)를 합하여 38.9%의 긍정률을 보였고, 평균은 3.24로 나타났다. 평가가 그렇게 높게 나타나지는 않았다. 그러나 교회가 위치한 탄현동과 덕이동에서 44%의 긍정률을 보여 직접적 영향권 아래 있는 주민들이 높게 평가했다. 이것은 경험할 수 있는 지역에서 주민들의 인정을 받았다는 것을 의미한다.

비록 과반이 되지 않지만 교회가 가지고 있는 인지도나 홍보의 면에서 보았을 때 이 정도의 긍정적 답변은 상당히 높다고 평가할 수 있다. 즉 교회에서 무엇을 하는지 잘 알지 못하고, 그러한 것을 경험할 수 있는 기회가 그렇게 많지 않다는 것을 고려한다면 꽤 많은 인정을 받았다고 본다.

<표3> 거룩한빛광성교회 지역사회 복지 및 지역 발전 기여도

| | | 사례수 | ⑤ 매우 많이 기여한다 | ④ 어느 정도 기여한다 | ③ 그저 그렇다 | ② 별로 기여하지 않는다 | ① 전혀 기여하지 않는다 | TOP2 (④+⑤) | MID (③) | BOT2 (①+②) | 모름/ 무응답 | 평균 |
|---|---|---|---|---|---|---|---|---|---|---|---|---|
| | | | % | % | % | % | % | % | % | % | % | 5점 척도 |
| 전 체 | | (452) | 8.2 | 30.8 | 34.1 | 9.7 | 8.0 | 38.9 | 34.1 | 17.7 | 9.3 | 3.24 |
| 응답자구분 | 지역 주민 | (387) | 8.5 | 30.2 | 34.4 | 10.3 | 8.3 | 38.8 | 34.4 | 18.6 | 8.3 | 3.22 |
| | 지역 직장인 | (39) | 5.1 | 38.5 | 30.8 | 5.1 | 10.3 | 43.6 | 30.8 | 15.4 | 10.3 | 3.26 |
| | 기타 지역주민 | (19) | 10.5 | 31.6 | 26.3 | 10.5 | 0.0 | 42.1 | 26.3 | 10.5 | 21.1 | 3.53 |
| | 모름/ 무응답 | (7) | 0.0 | 14.3 | 57.1 | 0.0 | 0.0 | 14.3 | 57.1 | 0.0 | 28.6 | 3.20 |

| | | (N) | | | | | | | | | | |
|---|---|---|---|---|---|---|---|---|---|---|---|---|
| 거주<br>지역 | 교 하 읍 | (82) | 7.3 | 28.0 | 37.8 | 15.9 | 6.1 | 35.4 | 37.8 | 22.0 | 4.9 | 3.15 |
| | 탄현/ 덕이동 | (75) | 14.7 | 29.3 | 28.0 | 13.3 | 8.0 | 44.0 | 28.0 | 21.3 | 6.7 | 3.31 |
| | 기타일산지역 | (168) | 7.1 | 32.1 | 36.9 | 8.9 | 7.1 | 39.3 | 36.9 | 16.1 | 7.7 | 3.25 |
| | 기타파주지역 | (55) | 7.3 | 29.1 | 34.5 | 3.6 | 12.7 | 36.4 | 34.5 | 16.4 | 12.7 | 3.17 |
| | 모름/ 무응답 | (7) | 0.0 | 28.6 | 0.0 | 0.0 | 28.6 | 28.6 | 0.0 | 28.6 | 42.9 | 2.50 |
| 성<br>별 | 남 자 | (162) | 4.9 | 34.0 | 34.6 | 8.0 | 8.6 | 38.9 | 34.6 | 16.7 | 9.9 | 3.21 |
| | 여 자 | (284) | 10.2 | 28.9 | 33.5 | 10.9 | 7.7 | 39.1 | 33.5 | 18.7 | 8.8 | 3.25 |
| | 모름/ 무응답 | (6) | 0.0 | 33.3 | 50.0 | 0.0 | 0.0 | 33.3 | 50.0 | 0.0 | 16.7 | 3.40 |
| 연<br>령 | 20 대 미 만 | (53) | 1.9 | 30.2 | 39.6 | 13.2 | 13.2 | 32.1 | 39.6 | 26.4 | 1.9 | 2.94 |
| | 20 대 | (146) | 6.2 | 30.8 | 36.3 | 13.0 | 8.9 | 37.0 | 36.3 | 21.9 | 4.8 | 3.13 |
| | 30 대 | (71) | 7.0 | 23.9 | 40.8 | 7.0 | 7.0 | 31.0 | 40.8 | 14.1 | 14.1 | 3.20 |
| | 40 대 | (92) | 12.0 | 35.9 | 28.3 | 9.8 | 3.3 | 47.8 | 28.3 | 13.0 | 10.9 | 3.49 |
| | 50대 이 상 | (87) | 12.6 | 31.0 | 27.6 | 4.6 | 8.0 | 43.7 | 27.6 | 12.6 | 16.1 | 3.42 |
| | 모름/ 무응답 | (3) | 0.0 | 33.3 | 33.3 | 0.0 | 33.3 | 33.3 | 33.3 | 33.3 | 0.0 | 2.67 |
| 최종<br>학력 | 중 졸 이하 | (69) | 8.7 | 26.1 | 36.2 | 11.6 | 13.0 | 34.8 | 36.2 | 24.6 | 4.3 | 3.06 |
| | 고 졸 | (114) | 9.6 | 29.8 | 33.3 | 7.0 | 8.8 | 39.5 | 33.3 | 15.8 | 11.4 | 3.28 |
| | 대재 이상 | (259) | 7.7 | 32.4 | 33.2 | 10.8 | 6.6 | 40.2 | 33.2 | 17.4 | 9.3 | 3.26 |
| | 모름/ 무응답 | (10) | 0.0 | 30.0 | 50.0 | 0.0 | 0.0 | 30.0 | 50.0 | 0.0 | 20.0 | 3.38 |
| 종<br>교 | 개 신 교 | (186) | 13.4 | 40.9 | 26.3 | 8.1 | 4.8 | 54.3 | 26.3 | 12.9 | 6.5 | 3.53 |
| | 천 주 교 | (50) | 8.0 | 30.0 | 40.0 | 6.0 | 6.0 | 38.0 | 40.0 | 12.0 | 10.0 | 3.31 |
| | 불 교 | (53) | 5.7 | 22.6 | 39.6 | 11.3 | 5.7 | 28.3 | 39.6 | 17.0 | 15.1 | 3.13 |
| | 유 교 | (4) | 0.0 | 75.0 | 0.0 | 25.0 | 0.0 | 75.0 | 0.0 | 25.0 | 0.0 | 3.50 |
| | 무 속 | (3) | 0.0 | 0.0 | 66.7 | 33.3 | 0.0 | 0.0 | 66.7 | 33.3 | 0.0 | 2.67 |
| | 무 교 | (156) | 3.2 | 21.2 | 39.7 | 11.5 | 13.5 | 24.4 | 39.7 | 25.0 | 10.9 | 2.88 |

④ 거룩한빛광성교회가 지역사회를 위해 해야 하는 일

거룩한빛광성교회가 지역사회를 위해서 무엇을 해야 할 것인가를 물었다. 여러 가지 가능성들을 질문으로 내어 놓았고, 우선순위대로 2 가지를 선택해 달라고 했다. 25.2%가 1순위로 "지역 사회 발전을 위한 프로그램 운영과 공간 개방"을 골랐고, 다음으로 20.4%가 "노약자나 장애인을 위한 복지활동", 18.1%가 "소년소녀 가장의 가정 지원"을 선택하였다. 또 1순위와 2순위를 합하면, "노약자나 장애인을 위한 복지활동"이 37.4%로 가장 많았고, 다음으로 "지역 문화 발전을 위한 프로그램 운영과 공간 개방"이 32.3%, "소년소녀 가장의 가정 지원"이 27.3%였다.

가장 높은 선호도를 보인 것은 아마 대중적인 프로그램을 해 주었으면 하는 바램에서 지역 사회 발전을 위한 프로그램 운영과 공간 개방을 선택한 것 같다. 그러나 1순위와 2순위를 합친 부분에서는 아무래도 복지활동이나 취약계층에 대한 배려가 높게 나왔다.

<표4> 거룩한빛광성교회가 지역사회를 위해 해야 하는 일(1순위)

| | | 사례수 | 지역사회 발전을 위한 프로그램 운영과 공간 개방 | 노약자나 장애인을 위한 복지활동 | 소년소녀 가장 가정 지원 | 학생들을 위한 학습 지원 | 지역사회를 위한 봉사활동 | 환경보호활동 | 방범 및 범죄예방 | 다문화 가족지원 | 지역문화 발전을 위한 활동 | 긴급재난 이웃 돕기 | 호스피스 만성질환자 보호서비스 | 모름/무응답 |
|---|---|---|---|---|---|---|---|---|---|---|---|---|---|---|
| | | | % | % | % | % | % | % | % | % | % | % | % | % |
| | 전 체 | (452) | 25.2 | 20.4 | 18.1 | 5.5 | 4.6 | 3.8 | 3.5 | 3.1 | 2.2 | 2.0 | 1.8 | 9.7 |
| 응답자구분 | 지역 주민 | (387) | 24.8 | 20.7 | 16.3 | 6.2 | 5.4 | 4.1 | 3.6 | 3.4 | 2.1 | 2.1 | 1.8 | 9.6 |
| | 지역 직장인 | (39) | 30.8 | 17.9 | 30.8 | 0.0 | 0.0 | 2.6 | 0.0 | 2.6 | 2.6 | 2.6 | 2.6 | 7.7 |
| | 기타 지역주민 | (19) | 31.6 | 21.1 | 21.1 | 5.3 | 0.0 | 0.0 | 5.3 | 0.0 | 0.0 | 0.0 | 0.0 | 15.8 |
| | 모름/ 무응답 | (7) | 0.0 | 14.3 | 42.9 | 0.0 | 0.0 | 0.0 | 14.3 | 0.0 | 14.3 | 0.0 | 0.0 | 14.3 |
| 거주지역 | 교 하 읍 | (82) | 28.0 | 23.2 | 14.6 | 7.3 | 8.5 | 1.2 | 1.2 | 3.7 | 3.7 | 2.4 | 0.0 | 6.1 |
| | 탄현/ 덕이동 | (75) | 26.7 | 20.0 | 14.7 | 2.7 | 4.0 | 4.0 | 9.3 | 1.3 | 4.0 | 1.3 | 2.7 | 9.3 |
| | 기타일산지역 | (168) | 23.2 | 19.0 | 20.8 | 8.3 | 3.6 | 6.5 | 1.8 | 4.2 | 0.0 | 2.4 | 2.4 | 7.7 |
| | 기타파주지역 | (55) | 20.0 | 25.5 | 9.1 | 3.6 | 9.1 | 1.8 | 5.5 | 3.6 | 3.6 | 1.8 | 1.8 | 14.5 |
| | 모름/ 무응답 | (7) | 42.9 | 0.0 | 0.0 | 0.0 | 0.0 | 0.0 | 0.0 | 0.0 | 0.0 | 0.0 | 0.0 | 57.1 |

| 구분 | | (N) | | | | | | | | | | | | |
|---|---|---|---|---|---|---|---|---|---|---|---|---|---|---|
| 성별 | 남자 | (162) | 22.8 | 20.4 | 22.8 | 6.2 | 3.7 | 4.3 | 3.1 | 3.1 | 1.9 | 1.2 | 0.6 | 9.9 |
| | 여자 | (284) | 26.4 | 20.8 | 14.8 | 5.3 | 5.3 | 3.5 | 3.9 | 3.2 | 2.1 | 2.5 | 2.5 | 9.9 |
| | 모름/ 무응답 | (6) | 33.3 | 0.0 | 50.0 | 0.0 | 0.0 | 0.0 | 0.0 | 0.0 | 16.7 | 0.0 | 0.0 | 0.0 |
| 연령 | 20 대 미 만 | (53) | 18.9 | 13.2 | 22.6 | 9.4 | 3.8 | 11.3 | 11.3 | 3.8 | 0.0 | 0.0 | 0.0 | 5.7 |
| | 20 대 | (146) | 24.7 | 21.9 | 19.9 | 8.2 | 2.7 | 1.4 | 6.2 | 2.7 | 1.4 | 4.1 | 0.7 | 6.2 |
| | 30 대 | (71) | 33.8 | 18.3 | 21.1 | 1.4 | 8.5 | 2.8 | 0.0 | 4.2 | 0.0 | 1.4 | 1.4 | 7.0 |
| | 40 대 | (92) | 30.4 | 16.3 | 13.0 | 6.5 | 3.3 | 3.3 | 0.0 | 3.3 | 1.1 | 0.0 | 3.3 | 19.6 |
| | 50대 이 상 | (87) | 18.4 | 28.7 | 14.9 | 1.1 | 6.9 | 4.6 | 1.1 | 1.1 | 6.9 | 2.3 | 3.4 | 10.3 |
| | 모름/ 무응답 | (3) | 0.0 | 0.0 | 33.3 | 0.0 | 0.0 | 0.0 | 0.0 | 33.3 | 33.3 | 0.0 | 0.0 | 0.0 |
| 혼인 여부 | 미 혼 | (208) | 21.6 | 21.2 | 20.2 | 7.7 | 3.4 | 3.8 | 6.7 | 4.3 | 1.0 | 2.4 | 0.5 | 7.2 |
| | 기 혼 | (221) | 29.0 | 20.8 | 15.4 | 3.2 | 5.4 | 3.6 | 0.9 | 2.3 | 2.7 | 1.4 | 3.2 | 12.2 |
| | 모름/ 무응답 | (23) | 21.7 | 8.7 | 26.1 | 8.7 | 8.7 | 4.3 | 0.0 | 0.0 | 8.7 | 4.3 | 0.0 | 8.7 |
| 최종 학력 | 중 졸 이하 | (69) | 17.4 | 23.2 | 20.3 | 7.2 | 5.8 | 7.2 | 8.7 | 2.9 | 1.4 | 1.4 | 0.0 | 4.3 |
| | 고 졸 | (114) | 20.2 | 22.8 | 17.5 | 6.1 | 3.5 | 4.4 | 1.8 | 2.6 | 1.8 | 0.9 | 2.6 | 15.8 |
| | 대재 이상 | (259) | 30.1 | 19.3 | 17.4 | 5.0 | 4.6 | 1.9 | 3.1 | 3.5 | 1.9 | 2.7 | 1.9 | 8.5 |
| | 모름/ 무응답 | (10) | 10.0 | 0.0 | 30.0 | 0.0 | 10.0 | 20.0 | 0.0 | 0.0 | 20.0 | 0.0 | 0.0 | 10.0 |
| 종교 | 개 신 교 | (186) | 32.8 | 18.8 | 16.1 | 5.4 | 5.9 | 4.3 | 2.2 | 4.3 | 2.2 | 2.7 | 2.2 | 3.2 |
| | 천 주 교 | (50) | 22.0 | 18.0 | 28.0 | 4.0 | 4.0 | 4.0 | 2.0 | 4.0 | 2.0 | 2.0 | 0.0 | 10.0 |
| | 불 교 | (53) | 13.2 | 22.6 | 18.9 | 3.8 | 3.8 | 3.8 | 7.5 | 0.0 | 1.9 | 1.9 | 0.0 | 22.6 |
| | 유 교 | (4) | 50.0 | 25.0 | 0.0 | 0.0 | 0.0 | 25.0 | 0.0 | 0.0 | 0.0 | 0.0 | 0.0 | 0.0 |
| | 무 속 | (3) | 0.0 | 33.3 | 0.0 | 0.0 | 0.0 | 0.0 | 66.7 | 0.0 | 0.0 | 0.0 | 0.0 | 0.0 |
| | 무교 | (156) | 21.2 | 21.8 | 17.9 | 7.1 | 3.8 | 2.6 | 3.2 | 2.6 | 2.6 | 1.3 | 2.6 | 13.5 |
| 직업 | 자 영 업 | (40) | 20.0 | 20.0 | 20.0 | 2.5 | 5.0 | 0.0 | 0.0 | 2.5 | 2.5 | 2.5 | 2.5 | 22.5 |
| | 화이트 칼라 | (106) | 32.1 | 17.9 | 17.9 | 3.8 | 4.7 | 4.7 | 2.8 | 1.9 | 2.8 | 0.0 | 2.8 | 8.5 |
| | 블루칼 라 | (69) | 23.2 | 24.6 | 27.5 | 2.9 | 1.4 | 1.4 | 0.0 | 2.9 | 1.4 | 1.4 | 2.9 | 10.1 |
| | 주 부 | (62) | 27.4 | 21.0 | 4.8 | 4.8 | 11.3 | 3.2 | 1.6 | 4.8 | 3.2 | 0.0 | 1.6 | 16.1 |
| | 학 생 | (121) | 21.5 | 16.5 | 18.2 | 11.6 | 5.0 | 5.0 | 8.3 | 5.0 | 0.8 | 2.5 | 0.0 | 5.8 |
| | 무 직 | (54) | 24.1 | 27.8 | 20.4 | 1.9 | 0.0 | 5.6 | 3.7 | 0.0 | 3.7 | 7.4 | 1.9 | 3.7 |
| 고용 형태 | 미 취 업 | (2) | 50.0 | 0.0 | 50.0 | 0.0 | 0.0 | 0.0 | 0.0 | 0.0 | 0.0 | 0.0 | 0.0 | 0.0 |
| | 자 영 업 | (54) | 18.5 | 20.4 | 18.5 | 1.9 | 7.4 | 3.7 | 0.0 | 3.7 | 3.7 | 1.9 | 5.6 | 14.8 |
| | 정 규 직 | (87) | 29.9 | 21.8 | 24.1 | 2.3 | 3.4 | 2.3 | 1.1 | 1.1 | 0.0 | 0.0 | 3.4 | 10.3 |
| | 비 정 규 직 | (61) | 29.5 | 19.7 | 18.0 | 4.9 | 1.6 | 3.3 | 3.3 | 3.3 | 4.9 | 1.6 | 0.0 | 9.8 |
| | 모름/ 무응답 | (11) | 27.3 | 18.2 | 27.3 | 9.1 | 0.0 | 0.0 | 0.0 | 0.0 | 0.0 | 0.0 | 0.0 | 18.2 |
| 가구 월평 균 수입 | 250만원 미만 | (115) | 14.8 | 26.1 | 24.3 | 4.3 | 3.5 | 4.3 | 3.5 | 2.6 | 2.6 | 2.6 | 1.7 | 9.6 |
| | 250~399 만원 | (131) | 31.3 | 16.8 | 14.5 | 7.6 | 3.1 | 3.8 | 3.8 | 3.8 | 1.5 | 1.5 | 3.1 | 9.2 |
| | 400만원 이상 | (147) | 28.6 | 19.0 | 15.6 | 5.4 | 8.2 | 2.7 | 2.7 | 4.1 | 2.7 | 1.4 | 1.4 | 8.2 |
| | 모름/ 무응답 | (59) | 23.7 | 20.3 | 20.3 | 3.4 | 1.7 | 5.1 | 5.1 | 0.0 | 1.7 | 3.4 | 0.0 | 15.3 |

# 3. 나아가며

거룩한빛광성교회는 일찍 사회선교 활동을 교회의 중요한 부분으로 삼고 어떻게 보면 교회의 규모에 비하여 과할 정도로 많은 것들을 진행해 왔다. 그러나 이러한 수고들이 이 교회의 성장에 중요한 동력이었다. 개척 15년 만에 주일예배 참석 장년인원이 6,700명이라는 놀라운 성장이 가능했던 것은 '우리 교회는 한국교회 개혁모델'이라는 자부심이 있었기 때문에 가능했다고 본다. 건강한 교회, 예산이 투명한 교회, 그리고 무엇보다도 자기 앞가림만 하는 교회가 아니라 사회선교에 힘쓰며 힘에 넘칠 정도로 많은 것을 베푸는 교회라는 자부심이 각 교인들의 마음속에 자리하고 있기 때문에 교회가 성장하는 데 큰 역할을 했다.

이러한 판단을 뒷받침하는 증거는 새신자 등록현황이다. 매주 등록되는 인원들을 살펴보면 누구의 인도에 의해서 교회를 찾는 것이 아니라 스스로 찾아오는 인원들이 많다. 예를 들어서 2012년 3월 25일 게재된 3월 18일 등록인원을 보면 전체 47명인데, 이 중 38명이 인도자 없이 스스로 찾아온 것이다. 즉 등록인원에 80% 정도가 교회를 스스로 찾아온다는 것이다. 이것은 다른 면으로 본다면 교회의 홈페이지를 통해서 사전에 알아보는 것도 있겠지만 적지 않은 숫자가 교회의 소문을 듣고 찾아온다는 것이다. 그 소문의 진실은 이 교회는 건강하다는 것이고, 그것은 바로 사회선교를 잘하고 있다는 것을 의미하기도 한다.

가장 최근에 교회가 사회선교의 차원에서 한 일은 장학금 수여다. 교회에서는 200명의 학생들에게 3억 원의 장학금을 수여했다. 이것은 교회예산의 3%에 달하는 금액이다. 사회선교 전체의 금액이 아니고 순순하게 장학금만으로 교회예산의 3%를 쓴 것이다. 그리고 해피월드 재단에서는 5천만 원을 파주시와 고양시에 있는 고등학생 50명에게 수여했다. 아주 큰 교회라고 해도 장학금으로 이러한 규모를 사용하는 교회는 들어본 적이 없다. 이것이 이 교회가 운영되어지는 중요한 원리의 한 부분이라고 본다. 자기 내부적인 쓰임에 먼저 예산을 배정하고 남는 예산으로 사회선교에 사용하는 것이 아니라 정해진 사회선교에 최선을 다하고 남은 예산으로 살림을 살아가는 것이다.

그런데 아쉬운 부분이 있다면 이러한 선한 일을 알리고 나누는 방법에 관한 것이다. 물론 왼손이 하는 일을 오른손이 모르게 하라는 예수님의 말씀이 있으시지만 이 선한 일이 더욱 확장되어 갈 수 있도록 하기 위해서 더 많은 홍보는 필요하다고 본다. 이것은 두 가지 방면에서 그러한 것인데 첫째는 교회로 하여금 이러한 사역들에 동참토록 하기 위해서 필요하다. 교회가 하는 이러한 일에 성도들이 자긍심을 가질 뿐만 아니라 구체적으로 어떠한 일이 이루어지고 있는지, 그리고 재정적인 면뿐만 아니라 자원봉사로서 참여할 수 있는 기회를 얻을 수 있으면 좋을 것이다. 둘째는 참여자, 또는 수혜자의 입장에서도 자신들이 누릴 수 있는, 또는 혜택을 입을 수 있는 부분들이 있음에도 불구하고 몰라서 누릴 수 없다면 그것 역시 아쉬운 부분이다.

사회선교라고 할 때 우리는 전도와는 구별되는 입장에서 이야기해야 한다. 그것은 단순히 예수 믿는 사람 하나 더 얻자는 입장은 아니다. 물론 한 영혼을 안타까워하고 구령의 열정을 가지고 전도하는 일은 그 무엇보다도 귀한 사역이다. 단지 그간 한국교회가 너무 그러한 면에서 교회의 모든 사역을 수렴해 버린 과오를 범했기 때문에 다른 관점에서 보자는 것이다. 이런 면에서 사회선교는 하나님 나라라는 큰 틀에서 세상을 섬기고, 변화시켜 나가는 사역을 감당한다. 그것이 이 땅에 하나님의 주권을 이루어가는 일이라는 확신 가운데서 이루지는 것이다. 거룩한빛광성교회의 사회선교는 이러한 관점에서 이해할 수 있다. 그것은 섬김과 변혁의 사역 가운데 교회의 정체성을 만들어 가고, 더 나아가서는 사역의 방향을 만들어 가는 것이다. 그런데 이렇게 남에게 주는 사역 가운데 교회가 든든해지고, 성장하게 되었으니 기대하지 못한 축복이라고 할 것이다.

# 제5장

# 사회복지 사각지대와 실업문제 대응전략

# Chapter 05

# 사회복지 사각지대와 실업문제 대응전략

### -해피월드복지재단을 중심으로-

황 의 순

(전 중소기업청 소상공인진흥원센터장, 미소금융중앙재단 자문위원,
사회복지법인 해피월드복지재단 상임이사)

## 1. 사회복지 사각지대

### 1) 사회복지의 일반개요

### ① 우리나라의 사회복지 소외계층

A. 소외계층의 정의

소외계층은 크게 두 가지로 정의할 수 있다. 첫째로, 사회적 소외계층으로 경제적, 신체적 및 기타 조건 등으로 인하여 다른 계층에 비해

상대적으로 사회참여의 기회가 제한되고 있는 계층이다. 따라서 이 계층은 국가의 공공개입을 통하지 않고는 사회의 구성원으로서 평등한 혜택을 제공받을 기회로부터 배제되기 쉽다. 둘째로, 문화적 소외계층이 있는데 경제적, 지역적, 사회적 여건 때문에 문화예술의 혜택으로부터 소외되는 계층을 말한다.

B. 소외계층의 특징

a. 신체적 조건으로 인한 소외계층

신체적 조건으로 인한 소외계층은 대표적으로 장애인을 들 수가 있다. 장애는 신체적, 정신적 측면에 있어서의 불편함일 뿐임에도 불구하고  이로 인하여 그렇지 않은 사람들과 차별되는 것을 이들의 권리를 침해하는 것이 될 수 있다.

b. 경제적 조건으로 인한 소외계층

어느 사회를 막론하고 빈곤의 문제 또는 저소득 취약계층의 문제는 해소하거나 완화해야 할 문제로 제기되고 있다. 그동안 이 문제에 대한 정책적 지원과 사회적 관심은 저소득층에 대한 최저생계수준을 보장하는 차원이었다. 저소득층에 있어서 물질적 결핍으로 인한 빈곤상황은 생존에 필요한 최소한의 여건마저 갖추지 못하고 있음을 의미한다.

c. 문화적 차이로 인한 소외계층

문화적 차이로 인한 소외계층은 일반 소외계층과는 다른 맥락에서 이해되어야 한다. 문화 기본권 이전에 국민의 한 사람으로서 인정받도록 하는 것이 필요하다. 이 계층에는 외국인 노동자와 여성결혼이민자 등을 들 수 있다.

### ② 우리나라 사회복지의 구조와 한계

사회복지의 역할 중에 중요한 한 가지가 사회안전망이라고 할 수 있다. 사회안전망이란 실업, 질병, 노령, 빈곤 등 사회적 위험으로부터 국민을 보호하기 위한 제도적 장치들을 말한다. 우리나라는 건강보험, 국민연금, 고용보험, 산재보험, 이렇게 4개 사회보험을 1차 안전망으로 하고 있으며, 여기에 장기 요양 보장제도를 '제5의 보험'이라고 부르기도 한다. 즉 국민이 다양한 유형의 사고를 당해 빈곤층으로 전락하는 것을 1차로 막아내는 역할이다.

2차 안전망의 역할은 기초생활보장제도가 담당하고 있다. 여러 사회보험의 보호에도 불구하고 빈곤층이 되었을 때 최소한의 생계를 지원하는 것이다. 여기에 긴급지원제도를 3차 안전망이라고 지칭하기도 하는데, 크게는 4대 보험을 축으로 하는 1차 안전망과 기초생활보장제도를 지칭하는 2차 안전망으로 구별한다고 볼 수 있다.

적어도 모양으로 봤을 때 두 개의 그물망을 달아 놓았으니, 서커스 단원이 실수로 공중에서 떨어졌다고 해도 다칠 위험은 없어야 한다. 그런데 현실은 어떠한가?. 우리 주변에는 큰 병에 걸려서, 해고 통지를 받고 자영업에 뛰어들었다가 망해서, 그리고 또 다른 이유로 하여 빈곤층으로 전락하고 최소한의 인간다운 생활을 누리지 못하는 경우를 빈번히 목격하게 된다. 이러한 현상은 4대 보험과 기초생활보장제도가 많은 허점을 가지고 있기 때문이다.

## 2) 사회복지와 광범위한 사각지대

### ① 사회복지 사각지대

결론적으로 우리나라 사회복지제도의 많은 허점은 광범위한 사각지대로 나타난다고 볼 수 있다. 4대 보험이 위험으로부터 얼마나 국민을 보장하는지를 살펴보자. 건강보험은 2006년 기준 보장율이 65% 정도이다. 즉 병원비가 100만 원 나오면 35만 원 정도를 국민이 부담해야 하는데, 이는 같은 경우에 10만 원 미만을 부담하는 선진국과 비교했을 때 국민의 부담이 지나치게 높다고 할 수 있다.

국민연금은 경제활동인구 10명 중 8명 정도만 혜택을 받는데, 2명은 공적 연금 제도의 혜택을 전혀 받을 수 없다. 8명씩이나 가입되어 있으면 준수한 수준으로 볼 수 있으나 그렇지가 않다. 국민연금 가입자 중에서도 납부 예외자가 매우 많다. 가입자 100명 중 27명은 실직, 휴직, 자영업 중단 등의 이유로 국민연금을 제때에 내지 못하고 있다. 이들은 내는 돈이 안정적이지 않아서, 나중에 안정적인 연금 혜택을 받을지가 매우 유동적이다.

국민연금의 혜택 범위는 그나마 넓은 편이다. 고용보험은 근로자의 54%에 불과하고, 자영업자는 아예 통계를 내는 대상에도 포함되지 않는다. 산재보험 역시 근로자의 53%를 보장하는데 그치고 있다.

2차 안전망 역할을 하는 기초생활보장제도의 사정 역시 별반 다르지 않다. 실제 최저생계비 이하의 비용으로 삶을 꾸려 가고 있지만, 부양의무자가 있다는 이유로 또는 소득 인정액이 얼마라는 이유로 혜택을 받지 못하는 빈곤층이 넓게 형성되어 있다. 수입이 최저생계비를 넘지 못하지만 부양의무자 기준을 초과하는 가구가 60만 가구에 이르며, 소득 인정액을 넘기는 가구는 84만 가구에 이르고 있다. 제도는 갖추어져 있으나 혜택을 받지 못하는 사람들, 즉 사각지대가 폭넓게 만들어져 있는 것이다.

### ② 보편적 복지와 사각지대 해소의 관계

따라서 복지가 사회안전망으로서 역할을 제대로 수행하려면 사회보험제도의 보장 범위를 넓히고, 보장의 내실을 기해야 한다. 또 기초생활보장제도를 개선해서 빈곤하면서도 아무런 지원이 없는 경우가 사라져야 한다. 즉 사각지대를 해소하여야 하는 것이다.

최근 보편적 복지의 확대에 대한 요구가 높다. 사각지대 해소와 보편적 복지는 수레의 양바퀴와 같다. 한쪽이 고장 나면 굴러가기 어렵다. 사각지대는 보편적 복지로 나아가는 주춧돌과도 같다. 매달 정기적인 수입을 얻는 사람은 국민연금을 납부할 수 있지만, 그렇지 않은 사람들은 국민연금을 납부할 수 조차 없기 때문에 국민연금의 혜택을 받을 수가 없다. 따라서 국민연금 제도가 모든 국민에게 혜택을 주는 보편주의를 구현하려면, 필연적으로 모든 국민에게 또는 하위소득 국민들에게 돈을 적립하지 않아도 연금을 지급하는 기초연금제도를 국민연금 아래의 주춧돌로 삼아야 한다. 고용보험이 아무리 잘 갖추어져 있다 하더라도 고용보험에 가입하지 못하는 비정규직과 영세 사업장의 근로자들에게는 아무런 도움이 되지 못하고 있다. 따라서 고용보험은 실업 상태가 되면 고용보험료를 납부하지 않았다고 하더라도 지원되는 실업부조를 아래의 디딤돌로 삼아야 한다.

　반대로 사각지대를 해소하는 정책은 보편적 복지의 도움을 받아야한다. 복지가 일찍 발달한 유럽 국가에서 복지 수준이 후퇴하는 경우가 종종 발생하는데, 정치적으로 해석하면 중산층의 지지를 받지 못하는 것이 원인이다. 자신이 수혜자가 되지 못하는데, 세금과 보험료를 통해 재정을 부담하는데 따른 불만이 표출되는 것이다. 따라서 사각지대를 해소하기 위한 정책은 보편적 복지와 굳건히 손을 잡을 때에만 훼손되지 않을 수 있다.

### ③ 복지사각지대 해소 방안

　사각지대를 해소하기 위해서는 첫째, 기초생활보장제도를 개선하는 한편, 기초연금과 실업부조를 시급히 도입하여야 한다. 기초생활보장제도는 부양 의무자, 소득 인정액 기준을 완화해서 최저생계비 이하인데도 혜택을 받지 못하는 저소득층을 적극적으로 지원할 수 있도록 해야 한다. 또 최저생계비 기준이 워낙 낮기 때문에 사실 차상위계층에 있는 국민들도 빈곤의 고통이 큼에도 불구하고 혜택을 받지 못하는 사각지대에 놓이게 된다. 따라서 여러 급여를 차상위계층까지 확대하는 것이 필요하다.

　둘째, 기초연금을 도입하여야 한다. 2007년부터 기초노령연금을 하위소득 70% 어르신들에게 9만 원 가량을 지급하고 있다. 그러나 기초노령연금은 과거 지원되던 노인수당의 이름을 바꾼 것에 불과하다. 국민연금개혁위원회에서 기초노령연금을 보편적인 기초연금으로 발전시켜 나가자는 의견이 있었다. 그러나 선별적인 공공부조로 가야 한다는 반대에 부딪쳐 전진하지 못하고 있다. 기초노령연금은 명실상부한 기초연금으로 나아가야 한다.

셋째, 실업부조가 도입되어야 한다. 노동시장이 유연화되면서 광범한 비정규직이 분포하고, 대기업 중심의 경제 구조로 다수의 중소기업이 영세한 상태를 면하지 못하는 조건에서 고용보험은 넓은 사각지대를 가지는 대표 사례이다. 취약한 급여에 시달린 비정규직의 해고는 상대적으로 충격이 더 큼에도 불구하고 혜택은 전무한 냉정한 현실이 벌어지고 있는 것이다. 실업부조의 조속한 도입이 강력히 추진되어야 한다.

### ④ 사각지대의 사례관리

사회복지사각지대는 첫째 한정된 복지예산으로 설계된 느슨한 사회안전망, 둘째 전달체계(공공)의 취약, 셋째 민관협력의 미흡, 넷째 취약계층의 정보 소외 등으로 인해 발생하고 있다. 또한 공공부조사업의 비현실적인 선정기준 등으로 보호가 필요한 상당수의 한계계층이 공공부조에서 제외되어 사회안전망의 사각지대에 놓이게 되는 것이 현실이다.

우리 사회에서 복지사각지대에 놓인 사람들에 대한 발굴과 지원은 오래 전부터 해결해야 할 과제였다. 사회복지 현장에 있는 사회복지사들은 사례관리를 기본업무로 하고 있다. 사례관리는 '생태체계적 관점을 기반으로 만성적이고 복합적인 문제를 가진 개인 및 가족의 기능을 향상하고자 하는 것이며, 이를 통해 환경 속에서 자신에게 필요한 서비스와 자원을 스스로 획득하고 사회적 기능을 원활히 수행할 수 있도록 돕는 통합적인 접근 방법'이다.

복지에 대한 패러다임이 변화하면서 복지욕구는 날로 증대되고 복지예산은 지속적으로 확대되고 있지만 상대적으로 국민들의 복지에 대한 체감도는 낮은 편이다. 가장 중요한 이유 중 하나는 전달체계가 제대로 작동하지 않은 탓이다. 공공전달체계나 민간전달체계가 서로 네트워크를 통해서 연동되었을 때 효과적인 사례관리가 될 것이며 복지사각지대의 발생이 줄어들고 주민들의 복지 체감도를 높일 수 있다.

만시지탄의 감은 있지만 2011년 정부가 이러한 복지사각지대를 파악하기 위해 각 시·군·구에 서비스연계 팀을 설치하고 사각지대에 방치되어 있는 다양한 사례를 발굴하도록 한 것은 매우 바람직한 일이라고 할 수 있다. 공공과 민간이 함께 협력하여 복지대상자에 대한 통합 사례관리를 내실화하였을 때 다양한 자원을 연계하고 문제를 해결할 수 있다. 이번의 복지서비스 현장에 대한 전반적인 실태조사를 통해 지속적이고 포괄적인 통합사례관리가 될 수 있도록 제도개선이 이루어졌을 때 진정한 맞춤형 복지를 실현할 수 있을 것으로 기대된다.

정부의 복지정책이 미치지 못하는 복지사각지대에서 특히 한국교회가 보다 적극적으로 사회봉사활동에 참여해야 한다는 주장이 제기되고 있다. 예장통합총회 사회봉사부가 마련한 '제95회기 사회복지현안 세미나'에서 숭실대 사회복지학과 정무성 교수는 "복지국가의 성공 여부는 종교계에 달려 있다."는 견해를 밝혔다. 또 장애인복지협의회 최대열 목사도 "교회가 정부지원보다는 정책의 사각지대에 놓인 장애인들에게 더 집중해야 한다."고 강조했다.

### 3) 사회복지법 체계

### ① 문제점

### A. 국가책임의 미흡

사회복지에 대한 국가의 책임이 선언적 규정으로 일관하고 있고, 구체적인 책임규정, 예컨대 재정부담 등에 대해 규정이 매우 미흡하다. 심지어 사회보험법에서도 국가의 부담 규정은 없다.


### B. 권리성 인정 미흡

급여나 서비스에 대한 국민의 수급권 인정이 취약하다. 권리가 있다는 것은 그것이 충족되지 않을 때, 국가를 상대로 법적으로 국가의 의무 이행을 청구할 수 있어야 하는데, 이러한 부분에 대한 규정체계가 마련되어 있지 못하다.


### C. 복지조치의 임의성

각종 서비스법에 산재하고 있는 복지조치규정은 행정부와 지방자치단체의 재량을 인정하는 규정들이다. 권리성 급부나 서비스가 인정되지 않기 때문에  결과적으로 유명무실한 규정이라고 볼 수 있다.


### 4) 과도한 민간책임

민간참여, 민간위탁이나 지원, 보조 등과 같이 민간에 의해 이루어지게 하는 복지에 대한 규정이 많이 있음에도 감독, 평가, 조정에 대한 국가의 기능이 체계적으로 규정되어 있지 못하고 있다. 또한 민간 법인과 시설의 사회화에 관한 규정들이 많이 개선되기는 했지만 여전히 미흡한 것이 현실이다.  이러한 현상은 민간에 의존하고 있는 국가의 책임이 미흡한 결과라고 볼 수 있다.

E. 사회수당 영역의 법 부재

사회권의 진수라 할 수 있고, 복지국가에서 발달한 사회수당제도가 전혀 규정되어 있지 않다.


F. 사회보장기본법의 지위 취약

사회복지 기본법이 일반 법률들을 지휘할 정도의 규범성을 담고 있지 못하며. 특히 사회보장수급권에 대해서는 유보적인 입장을 보이고 있다.


G. 지방자치제도와 모순

지방자치의 실시로 지역사회복지가 중요하게 대두되고 있다. 지방자치법의 목적은 지역주민들의 복지를 증진시키는 것이지만, 사회복지법 특히 서비스관련법들은 여전히 중앙정부의 통제 아래서 서비스제도를 운영하도록 규정하고 있다.


H. 사각지대의 지속적인 확대

급격한 사회변동으로 새로운 취약계층들이 많이 생겨나고 있다. 장기실업자. 노숙자, 자살하는 사람, 가정붕괴 등에 대한 입법적 대응이 매우 더딘 편이다. 결과적으로 사회복지의 사각지대를 창출해 내고 있다고 볼 수 있다.  이것은 국가의 헌법적 의무가 제대로 이행되지 않고 있다는 증거이다.


② 사회복지에 대한 인식제고

사회복지법체계상의 문제점들은 하루아침에 해결될 수 없다. 사회복지운동과 교육을 통해 국민들과 정부의 사회복지 의식을 지속적으로 제고시켜 나가는 것이 필요하다. 이러한 가운데 구체적인 입법과 집행이 가능할 것이기 때문이다. 또한 사회복지운동과 더불어 사회복지관련법 개정 및 제정에 있어서 법률전문가들과 사회복지전문가들이 인식을 공유해야만 사회복지 현장에 대한 구체적이고도 생생한 내용들을 반영할 수 있다.

### 4) 사회보장제도와 사각지대

### ① 국민기초생활보장제도와 사각지대

가난한 국민의 최저생계를 보장한다는 국민기초생활보장법(이하 '기초법' 이라 한다.)이 시행된 지 13년이 지났지만, 빈곤층임에도 기초생활수급자가 되지 못해 사각지대에 방치된 사람이 무려 410만 명으로 전체 인구의 8.4%에 달하고 있는 것으로 나타나고 있다. 이는 기초생활수급을 받는 인구의 2.5배가 넘는 수치로 잇따른 자살 사건 및 2011년 정부의 부양의무자 일제조사과정에서 일어난 자살 사건 등에서도 알 수 있듯이 빈곤 사각지대로 인한 문제가 더욱 심각해지는 양상이다.

기초법의 비현실적 규제로 인해 수급자의 수는 3% 수준에서 변화가 없거나 오히려 축소되고 있으며, 최저생계비의 수준은 점점 낮아지고 있다. 2012년도 기준 최저생계비는 1인 가구 기준 55만 원 남짓이며, 현금 급여는 45만 원 수준이다. 평균 소득에 비교하면 30%밖에 안 된다. 이처럼 낮은 최저생계비 문제, 노동능력여부를 심사 등 개선되어야 할 과제가 많지만, 그중에서도 가장 광범위한 사각지대를 낳고 있는 것이 바로 '부양의무자 기준' 이다.

2005년에 실시된 한국보건사회연구원(이하 보사연) 조사에 따르면 수급권 탈락 사유의 25%가 부양의무자 기준에 의한 것이지만, 그 중 절반 이상이 부양의무자로부터 사적이전소득을 받지 못하고 있는 것으로 나타났다. 2009년에 실시된 기초생활보장권리찾기행동의 '기초생활보장 수급가구 실태조사' 에 따르면 신청탈락가구의 경우 부양의무자기준으로 탈락한 사례가 43%로 가장 많았으며, 다음으로는 소득기준 23.8%, 재산기준 19%로 탈락했다. 중도탈락한 가구의 경우에는 본인 가구의 소득증가로 인해 수급탈피한 경우가 50%, 부양의무자가구의 소득이나 재산의 증가로 탈락한 사례가 22.2%로 뒤를 이었다.

빈곤사회연대 최예륜 사무국장은 "비현실적인 최저생계비와 부양능력 판별기준은 기준 자체의 근거가 없을 뿐 아니라 국가가 보호해야 할 빈곤층을 가족이 책임지라는 것이다. 빈곤으로 가족 관계가 취약해져 있는 상황에서 부양의무자 기준은 가족관계의 파탄까지 야기하는 요소로, 부양의무자 기준은 폐지되어야 마땅하다."며 "그동안 정부는 부양의무자 기준의 완화 조치가 꾸준히 있어 왔다고 하고, 보건복지부는 올해부터 시행령 개정을 통해 일부 완화했다고 한다. 하지만 완화조치 이후, 수급자 추이에 변동이 없거나 오히려 과도한 조사로 수급자의 지위가 더욱 불안정해지고 있다."고 지적했다.

그는 또 "최저생계비의 현실화와 상대빈곤선 도입이 필요하다. 한국 사회의 빈곤선의 기준이 되고 있는 최저생계비는 제도 도입 당시 평균소득의 40% 수준이던 것이 현재는 30% 수준까지 떨어졌다. 이는 전문가가 주관적으로 계측하는 전물량방식의 문제점에 따른 것이다. 조사

자의 주관적 판단에 의해 얼마든지 조정이 가능하기 때문에 정부 예산에 맞춰 얼마든지 조정이 가능하다. 실제 2004년 계측 당시에도 보사연은 150만 원을 제시했으나 결과적으로 예산에 맞춰 112만 원으로 결정된 바 있다. 이러다보니 알아서 계측 자체를 낮게 잡고 있다. 6.6%(물가상승률 포함)의 인상안을 제출했지만, 결정된 인상율은 1인 가구 6.2%, 4인 가구 5.0%로 드러났다. 심지어 계측 과정과 결과도 투명하게 공개되지 않고 있다.”

그는 이어 “한국의 많은 연구자들이 중위소득 50%를 기준으로 상대빈곤률을 추정하고 있음을 감안해 이와 비슷한 수준인 평균소득 40%를 상대빈곤선 도입의 기준선으로 제시한다.”며 “가구원수별 평균과 대비해 상대빈곤선을 추정하는 것이 타당하나, 1인 가구의 경우 노인·실업인구가 높아 소득 수준이 지나치게 낮은 형편이므로 전국 4인 가구의 지난해 평균소득을 기준으로 보사연이 최저생계비 계측 당시 활용하고 있는 가구균등화지수를 적용해 각 가구원수별 최저생계비를 계측하면 약 20% 이상 차이가 난다.”고 설명했다.

그는 이밖에도 비현실적인 재산과 소득기준 개선, 근로를 강제적 조건으로 하는 조건부수급제도를 근로에 대한 인센티브로 강화해 근로를 하면 더 유리한 급여제도로 전환과 참여자 특성에 맞는 자활지원서비스 제공, 실질적인 수급권자의 권리보장, 차상위계층에 대한 긴급복지 등 복지지원 대폭 강화와 수급자에 대한 의료·자활·교육·주거 등의 개별 급여 현실화, 국민기초생활보장 예산 대폭 확대와 국고 책임 비중 확대 등을 요구했다.

공익변호사그룹 공감 박영아 변호사는 “기초법은 ‘부양의무자가 부양능력이 없거나 부양받을 수 없는 경우’를 대통령령으로 정하도록 위임하고 있는데 시행령 제4조에서는 부양능력이 없는 경우를, 제5조에서는 부양받을 수 없는 경우를 나열하고 있다. 여기서 문제는 시행령 제4조에서 부양능력이 없는 경우의 소득기준이 비현실적으로 낮다는 점에 있다."고 동의했다.

한국빈곤문제연구소 서병수 소장은 "최저생계비 계측목적 자체가 명확하게 제시되지 않고 있다. 이에 따라 '최저생계비의 개념과 수준을 무엇으로 잡고 있는가' 하는 논란이 계속되고 있다. 1999년과 2002년, 2007년 및 2010년 최저생계비보고서에서도 최저생계비의 개념에 대해 계속 모호한 입장을 지속하고 있다."고 문제점을 제시했다.

그는 "2007년도와 2010년도 최저생계비계측보고서에서는 '최저생계비=정책빈곤선=공공부조기준선=최저소득기준' 이라고 정리하고 있다. 법정 최저생계비수준은 과학적으로 타당하게 산출되었고, 국민이 공인하는 경험·과학적 빈곤선으로서 사실상 진정한 빈곤선이라는 의미다. 하지만 최저생계비의 법적 개념은 공공부조 급여기준선으로 규정되어 있다."며 "최저생계비를 진정한 빈곤선으로 규정하는 경우 매년 최저생계비를 상향조정하면, 빈곤선도 상향 이동해 기초법의 대상이 되는 수가 많아지고, 자동적으로 빈곤율이 높아진다. 이는 빈곤의 실상과 무관하며, 빈곤정책은 목표를 실종하게 되고 오판을 가져오게 된다."고 설명했다. 이어 "보사연이 말하는 '최저생계비=정책빈곤선=공공부조기준선=최저소득기준' 은 '저소득층 최저생계비=저소득층에 대한 정책빈곤선-공공부조기준선' 이라고 수정되어야 한다."고 주장했다.

이밖에도 "40~60%의 상대적 빈곤선을 이용해 상대적 최저생계비를 책정하려는 경우에는 어느 비율로 정할 것인가에 대한 합의가 상당히 어려워질 것으로 예상되고 있어 결국 타당한 마케트 바스켓 방식으로 보조자료 산출이 불가피한 점이 있다."며 "상대적 비율의 산출에서도 한 번은 마케트 바스켓 방식에 의한 최저생계비 계측산출이 필요하며 장기적으로도 매 5년 정도마다 필요하다."고 덧붙였다.

## ② 차상위계층과 사각지대

### A. 차상위계층의 개요

차상위계층은 가구소득이 최저생계비의 120% 이하이면서 정부의 기초생활보장수급대상에는 들어가지 못하는 잠재적 빈곤계층을 말한다. 국민기초생활보장법 시행령 3조의 2에서 '차상위계층'을 '수급자가 아닌 자로서 실제소득이 최저생계비의 100분의 120 미만인 자'로 규정하고, 자활사업에 참여할 수 있도록 하고 있다. 청년실업자와 신용불량자, 비정규직 노동자가 늘면서 차상위계층에 대한 사회적 보호 필요성이 증가하고 있는 실정이다.

특히 차상위계층은 경제가 어려울 때에는 수입이 가장 먼저 줄지만 생계비나 의료급여 등 사회안전망 혜택을 받지 못해 타격을 심하게 받는 것으로 분석되고 있다. 정부는 기초생활보장제도의 사각지대를 해소하고 저소득층에 대한 정부 지원을 체계화하기 위해 전국 단위의 차상위계층 실태조사를 진행했으며, 전국의 차상위계층은 206만 명에 달하는 것으로 조사됐다.

보건복지부에서는 차상위 저소득계층에 대한 복지지원을 확대하기 위해 첫째로 가구원의 사망, 사고 등으로 위기에 처한 가정에 신속한 지원이 이루어지도록 긴급복지지원제도, 둘째로 차상위계층의 12세 이상 18세 미만 아동에 대한 의료급여 확대, 셋째로 부양의무자 소득 기준을 최저생계비의 120→130%로 완화하여 수급자 확대, 넷째로 저소득층의 일을 통한 빈곤탈출 지원을 위하여 자활사업 참여대상을 차상위계층까지 단계적으로 확대, 다섯째로 출산한 아이가 둘째 이상이고 4인 가구 기준 한 달 소득이 114만~137만 원인 차상위계층 가정에 산모와 신생아를 위한 도우미를 파견하는 산후조리 지원 서비스 등을 2006년부터 실시해 오고 있다

### B. 차상위계층 선정기준

차상위계층도 재산, 노동능력, 질병유무, 월급 등을 종합적으로 반영하여 선정하게 되는데 단순히 재산, 월급이 적다고 대상이 되는 것이 아니다. 노동능력이 있는 대학생은 대학생 학생신분이라도 차상위계층이 될 수 없다.  또 한 가구에 노동능력이 가능한 인구가 4명인데 4명 소득이 88만 원일 경우 노동가능인구 3명, 질병이 1명이라고 한다면 차상위계층 질병이 있는 한 사람만이 해당된다. 여기서 말하는 질병은 6개월 이상 치료를 받았고 향후 6개월 이상 치료를 요하는 질병이어야 한다. 따라서 노동능력이 있음에도 불구하고 일을 하지 않을 경우 차상위계층에 해당되지 않는다.

### C. 차상위계층 증명 방법
a. 동사무소(주민센터)에서 증명발급이 가능한 경우

첫째, 국민기초생활보장법상 자활사업 참여자(국민기초생활보장법 제9조 5항)

둘째, 의료급여 2종(의료급여법 시행령 제2조, 제3조)

※ 의료급여 1종은 국민기초생활보장법상 수급자에 한하여 해당되므로 의료급여 1종일 경우 국민기초생활수급자 증명서를 갖추도록 함.

셋째, 한부모가족증명서 발급대상(한부모가족지원법) : 이 경우 소득인정액이 최저생계비의 130% 이하인 자를 포함. ④ 장애인복지법상 장애수당 및 장애아동수당을 지급받는 자(장애인복지법 시행령 제30조) ⑤ 국민건강보험법시행령 별표2 제3호 라목에 따라 희귀난치성질환을 가진 자로서 본인 부담액을 경감 받는 자

b. 동사무소에서 증명서 발급이 불가능한 경우

국민건강보험납입증명서의 영수금액이 아래와 같을 경우 차상위로 인정함(단위 : 원)

| 구분 | 1인가구 | 2인가구 | 3인가구 | 4인가구 | 5인가구 | 6인가구 | 7인가구 |
|---|---|---|---|---|---|---|---|
| 최저생계비 | 532,583 | 906,830 | 1,173,121 | 1,439,413 | 1,705,704 | 1,971,995 | 2,238,287 |
| 차상위계층 소득기준 | 639,100 | 1,088,200 | 1,407,750 | 1,727,296 | 2,046,845 | 2,366,394 | 2,685,944 |
| 건강보험료 납입기준 | 18,168 | 31,008 | 39,961 | 49,255 | 58,097 | 66,835 | 76,023 |

※ 8인 이상 가구의 최저생계비 : 1인 증가시마다 266,291원씩 증가(8인 가구 : 2,504,578원)

※ 자료 : 보건복지부 〈2011년도 건강보험료 본인부담금 판정기준표〉

D. 차상위계층에 대한 지원혜택

첫째, 노인복지법, 모자복지법, 아동복지법, 장애인복지법 등에 의해 일정한 소득·재산기준 이하이면 각종 급여를 받을 수 있다. 단, 각 분야마다 기준이 조금씩 다를 수 있다.

둘째, 교육인적자원부의 저소득층 중·고생 자녀 학비지원을 받을 수 있다. 교육인적자원부의 저소득 근로자 및 영세 도시 자영업자 중·고생 자녀 학비지원은 기초생활보장수급자 선정기준의 약 139%수준 이하에 해당하고 있다.

셋째, 관할지역 내 사회복지관련기관에서 생계곤란자 등을 대상으로 실시하는 사업에 참여하여 서비스를 받을 수 있다.

### ③ 사회보장제도의 한계

빈곤한계상황에 처해 있더라도 사회보장제도의 혜택을 받을 수 있는 사람들은 그나마 다행이다. 그러나 국민기초생활보장법과 차상위계층 조건에 맞지 않아 국가로부터 아무런 혜택을 받을 수 없는 사람들의 경우에는 그야말로 사회보장제도는 그림의 떡에 불과하다. 이들은 사회보장제도 혜택의 커트라 인근처에 집중적으로 몰려 있는 또 다른 빈곤한계계층을 이루고 있다. 세계경제위기 등으로 빈익빈 부익부의 양극화가 심화되고 중산층이 대량으로 붕괴되는 시대적 상황에서 복지의 사각지대에 방치되는 국민들의 수가 기하급수적으로 증가하고 있는 현실을 감안할 때 정부를 위시하여 각계각층의 나눔과 배려의 손길이 그 어느 때보다도 절실한 시점이다.

# 2. 실업문제 대응전략(제도권을 중심으로)

상기의 사회복지사각지대를 해소하기 위한 대응전략으로 마이크로 크레디트 사업, 사회적 기업 사업, 위기가정 긴급지원 사업, 무한돌봄 사업 등을 생각해 볼 수 있다.

## 1) 마이크로 크레디트(Micro-Credit) 사업

### ① 마이크로 크레디트의 개요와 전개

마이크로 크레디트 사업은 영세민의 자활을 돕기 위해 공여되는 무담보 소액 대출제도이다. 마이크로 크레디트는 1976년 방글라데시에 마이크로 크레디트 전담 은행인 그라민은행이 설립되면서 시작되었다. 무함마드 유누스(Muhammad Yunus) 그라민 은행 총재를 통해서 알려진 마이크로 크레디트(Microcredit : 무담보 소액대출) 개념은 이후 아시아 · 아프리카의 여러 나라와 미국 · 프랑스 등 선진국으로 확대 · 발전이 이제 전 세계 곳곳에 확산되어 자리 잡아 가고 있다. 한국에는 1999년 사단법인 예은사랑나눔회와 씨티은행이 '신나는 조합(Joyful Union)'을 설립함에 따라 도입되었다.

대출 수익보다는 금융기관의 이익을 사회에 환원하는 성격이 강하기 때문에 금리 등 각종 대출조건이 채무자에게 유리하게 설정된다. 마이크로 크레디트는 근로능력과 자활의사가 있는 농촌 · 도시 지역의 빈민층을 대상으로 한다. 5명의 채무자가 짝을 이루어 대출을 받고 상호협조하며 대출금을 갚아 나간다. 보통 첫 대출은 300~500달러 수준의 소액대출로 시작하지만 대출자의 신용이 쌓이면 추가대출, 예금 가입 등의 다양한 혜택이 제공된다. 전 세계적으로 90%가 넘는 높은 대출금 상환율을 기록하고 있다.

그동안 단체 및 개인으로부터 받을 수 있는 기부 역시 TV 프로그램이나 타매체를 통해 소개받아야 하는 어려움이 있었다. 이렇게 다분히 제한적인 방법에 그쳤던 빈곤 퇴치 방안과 기부가 이제는 마이크로 크레디트(Microcircuit)와 소셜(Social)의 바람을 타고 새로운 반향을 일으키고 있다. 마이크로 크레디트란 기술과 경험은 있으나 신용이나 담보 문제로 인해 일반 금융회사를 이용할 수 없는 사회적 취약 계층에게 소액자금을 무담보, 무보증으로 대출함으로써 경제활동을 지원하는 것을 목적으로 하는 활동이다.

방글라데시에서 '시골' 또는 '마을'이란 뜻의 그라민을 은행의 이름으로 차용한 것은, 아주 조그만 마을과 팀에게 담보 없이 서로의 신용을 믿겠다는 의도가 담겨 있다. 그렇게 '그라민'으로 시작한 은행이 현재 2,185개의 지점과 1만 8,000여 명의 직원이 종사하며, 1,600억 다카(약 3조 3,600억 원)를 대출하는 대형은행이 되었다. 대출금은 100% 예금으로 충당하고, 회수율은 99%에 육박한다. 1993년부터 흑자로 전환하였으며, 대출받은 600만 명의 빈민들 가운데 58%가 빈곤에서 벗어났다.

이렇게 오프라인에서 새로운 반향을 일으켰던 마이크로 크레디트의 개념이 소셜 네트워크(Social network)의 바람에 더해져 온라인에서 새로운 반향이 일어나고 있다. 그리고 그 반향의 중심에는 Kiva(http://www.kiva.org)가 있다. 2005년 매트·제시카 플래너리(Matt&Jessica Flannery)부부가 무하마드 유누스 박사의 강연에 감명을 받아 시작한 것이 Kiva이다. Kiva는 전 세계에 산재한 비영리 마이크로 파이낸스 금융 기관들을(Kiva에서는 필드 파트너 Field Partner라고 명명함) 인터넷을 통해 어려운 상황에 놓여 있으나 창업을 하지 못하는 지원자들과 연결해 주는 다리 역할을 하는 사이트이다. 각각의 필드 파트너들과 자금 운영 상황에 대해 매우 구체적이고 투명한 정보를 제공함과 동시에 복잡한 사무적 절차 없이 사진과 사연을 온라인에 소개함으로써 기부를 원하는 사람들의 펀딩(funding)을 받고 있다.

그동안 기부는 일방 통행형으로써 노블레스 오블리주를 실현하려는 기업과 부유층들의 사회공헌활동의 개념으로 인식되었던 것이 사실이다. 이후 기부의 범위가 확장이 되었어도 가진 자가 빈곤한 자에게 선행을 베푼다는 인식은 여전히 떨치기 힘들었다. '나눔' 보다는 '베풂' 쪽에 가까웠던 것이 과거의 기부문화이다. 하지만 Kiva를 통해서 기부를 하는 것은 기존의 '베풂'과 '나눔'의 개념을 넘어서 새롭게 '투자'의 시각으로 바라보는 계기가 되었다.

Kiva의 운영방법을 살펴보면, 첫째로 지역별로 있는 마이크로 파이낸스 기관들(필드 파트너)과 연계, 둘째로 대출 요청에 대한 글들을 Kiva에서 확인한 필드 파트너들은 대출을 지급, 셋째로 필드 파트너들과는 별개로 돈 빌려 주는 자들 역시 대출 요청들을 살펴본 후 자신이 제공할 사업을 선택. Kiva는 렌더(돈 빌려 주는 자, lender)들을 통해 돈을 모은 후 필드파트너에게 제공. 넷째로 필드 파트너들은 위에서 렌더(lender)들을 통해 받은 돈을 통해 그들이 이미 사업가들에게 대출한 돈을 충당. 다섯째로 사업자들이 필드 파트너들에게 돈을 상환. 이자는 오직 필드파트너들의 운영비용을 충당하기 위해 쓰이지 돈을 빌려 준

렌더들에게는 이자가 지급되지 않음. 여섯째로 Kiva는 받은 돈을 알맞은 렌더들에게 크레디트으로 제공. 렌더들은 이 돈을 다시 투자, 기부, 혹은 페이팔을 통해 다시 돌려받을 수도 있다.

이렇게 과거엔 일방적이었던 기부가 Kiva를 통해서만 봐도 더 이상 기부가 아닌 투자의 개념으로 확산되고 있음을 알 수 있다. 또한 이러한 투자가 자신이 앉은 자리에서 신용카드 한 장만으로 가능하다보니 '사회적 책임감과 인간의 존엄성'을 실현하고자 하는 많은 이들에게 기회를 주고 있다. '물고기를 잡아 주는 것이 아닌 물고기 잡는 법을 알려 주자'는 마음에서 시작된 마이크로크레디트가 이제는 그라민 은행, Kiva를 넘어서 또 하나의 새로운 반향을 불러일으킬 것으로 기대된다.

② 국내 마이크로 크레디트 사업의 개시 및 제도화

국내에서 처음으로 마이크로 크레디트 사업을 시작한 곳은 민간부문의 〈사회연대은행 (사)함께 만드는 세상〉이다. 사회연대은행은 2002년 설립되면서 삼성 저소득여성가장 창업지원사업을 위탁운영하는 것을 시작으로 국내 최초로 마이크로 크레디트 사업에 착수하여 오늘에 이르고 있다.

IMF 외환위기 여파 및 계속되는 경기침체로 저소득취약계층이 급증하기 시작하자 정부는 2007년 8월 3일에 「휴면예금관리재단의 설립 등에 관한 법률안」을 공포하였다.

※「휴면예금관리재단의 설립 등에 관한 법률」제정 경과

가. 2004년 8월 24일 박성범 의원이 대표발의한「은행법 중 개정법률안」을 제250회 국회(정기회) 제11차 재정경제위원회(2004.11.22)에, 2005년 8월 23일 남경필 의원이 대표발의한「휴면예금관리 및 재단설립에 관한 법률안」, 2005년 9월 13일 김현미 의원이 대표발의한「휴면예금의 처리 및 사회공헌기금의 설치 등에 관한 법률안」및 2005년 9월 28일 홍문표 의원이 대표발의한「휴면계좌의 활용에 관한 특별법안」을 제256회 국회(정기회) 제6차 재정경제위원회(2005.11.1)에 각각 상정한 후 제안설명, 검토보고 및 대체토론을 거쳐 금융 및 경제법안 등 심사소위원회에 회부하여 심사함.

나. 제267회 국회(임시회) 제2차 재정경제위원회(2007.4.6)는 휴면예금 관련 법률안에 관한 공청회를 개최하여 각계 전문가들의 의견을 들었음.

다. 금융 및 경제법안 등 심사소위원회는 2005년 11월 30일, 2005년 12월 7일, 2006년 12월 12일, 2006년 12월 14일, 2007년 2월 26일, 2007년 2월 27일, 2007년 4월 24일, 2007년 6월 14일, 2007년 6월 15일에 이들 법률안을 심사한 결과, 이들 4건의 법률안을 각각 본회의에 부의하지 아니하기로 하고 각 법률안의 내용을 수렴하여 대안을 위원회안으로 제안하기로 합의함.

라. 제268회 국회(임시회) 제1차 재정경제위원회(2007.6.18)는 금융 및 경제법안 등 심사소위원장의 심사보고를 듣고 소위원회의 심사결과를 받아들여 이들 4건의 법률안을 각각 본회의에 부의하지 아니하기로 하고 위원회 대안으로 제안하기로 의결함.

[3] 대안의 제안 이유

휴면예금관리재단을 설립하여 휴면예금 등의 효율적이고 공정한 관리 및 운용 등을 수행함으로써 휴면예금 등을 무보증소액신용대출사업, 소액보험 지원사업 등 저소득층 복지사업의 재원으로 활용할 수 있도록 하여 서민생활의 안정과 자활 및 복지향상을 도모하고 경제 및 사회의 균형 있는 발전에 이바지하려는 것임.

[4] 대안의 주요내용

가. 휴면예금 원권리자의 보호 및 저소득층 복지사업 등을 공정하고 효율적으로 수행하기 위하여 휴면예금관리재단을 설립함(안 제1조 및 제4조)

나. 휴면예금관리재단은 금융기관이 재단에 출연한 휴면예금의 관리 및 운용, 휴면예금 원권리자에 대한 휴면예금액의 지급, 저소득층 지원을 위한 복지사업을 수행하는 사업자에 대한 지원 및 감독 등의 업무를 수행(안 제7조).

다. 금융기관은 휴면예금 등을 휴면예금관리재단에 출연할 수 있음(안 제21조).

라. 재단은 휴면예금 원권리자가 휴면예금액 등의 관련 자료를 조회할 수 있도록 하고, 금융기관은 재단에 출연하기 1개월 전에 원권리자에게 출연에 관하여 통지하여야 함(안 제27조 및 제28조).

마. 재단은 휴면예금이 재단에 출연된 후 5년이 경과하는 날까지 휴면예금 원권리자의 지급 청구가 있는 경우 휴면예금에 갈음하는 금액을 해당 휴면예금 원권리자에게 지급함(안 제29조).

바. 재정경제부장관은 재단을 지도·감독하며 지도·감독상 필요한 명령을 발할 수 있음(안 제30조).

　2007년 9월14일에는 「휴면예금관리재단의 설립 등에 관한 법률」부칙 제2조 제1항에 의거 설립위원회을 구성하여 2008년 3월 27일 소액서민금융재단(휴면예금관리재단)이 출범하게 되었다. 2008년 4월 22일 재단등기가 완료되면서 국내 최초로 정부기관이 주도하는 마이크로 크레디트 사업이 본격적으로 가동되기 시작하였다.

　2008년 세계금융위기가 발생하고 경제위기가 가속화되면서 마이크로 크레디트 사업에 대한 국민의 관심이 증대하였다. 동재단은 2009년 4월 25일에 한국의 마이크로 파이낸스 모델 개발을 위한 토론회를 개최하였다. 한편 정부는 2009년 9월 17일 제31차 비상경제대책회의에서 6개 대기업과 5개 시중은행이 일정한 규모의 마이크로 크레디트 자금을 출연하는 형식으로 참여하는 미소금융사업을 발표하게 되었고, 이에 따라 소액서민금융재단을 미소금융중앙재단으로 명칭을 변경하는 등 마이크로 크레디트 사업의 규모를 대폭 확대하기에 이르렀다.

## 2) 사회적 기업 지원 사업

### ① 도입 및 전개과정

우리나라에서 사회적 기업 모델에 대한 논의는 2000년 기초생활보장제도가 도입되면서 자활사업의 전망과 관련하여 주로 유럽의 협동조합 중심의 사회적 경제(social economy) 맥락에서 시작되었다. 그러던 중 2005년을 전후로 미국의 시장주의 접근에 의해서도 다루어지기 시작하였다. 유럽의 사회적 기업의 경우 복지국가 민영화에 따른 비영리조직의 사회서비스 공급과 같은 복지혼합(welfare mix)이나, 복지의존층에게 노동의무를 부과하기 위한 노동연계복지의 수단으로 활용되어 온 것이 사실이다. 그러한 과정에서도 유럽의 경우에는 협동적 결사에 의한 연대의 경제논리를 유럽연합(EU)차원에서의 일자리 창출제도와 관련시키려는 실천적 지향이 일관성있게 유지되었다.

이에 반해 미국식의 접근은 사회적 기업을 사회적 목적에 봉사하는 시장지향적 경제활동으로 이해한다. 또한 시장경제의 결함을 메우는 대기업의 사회공헌 위주로 파악하는 경향을 나타낸다. 더 나아가 극단의 형식주의 시장경제논리는 사회적 기업의 사회적 의의를 왜곡시킬 위험까지 내재한 것으로 보인다. 실제 미국식 접근을 기반으로 2007년 우리나라에서 발효된 〈사회적기업육성법〉은 이윤의 3분의 2이상만 추가적 일자리 창출이나 지역사회 환원이라는 '사회적 목적'을 배려할 경우 영리기업이라 하더라도 사회적 기업으로 인정하고 있다.

미국식 사회적 기업은 시장경제 외의 공공·시민사회 영역에서의 '호혜성의 경제'에 대한 관심을 배제하고 비영리의 형식적 요건만을 갖춘 채 영리적 경영기법을 쫓는 문제점이 있다. 진정한 사회적 기업가의 양성을 위해서는 사회적 자본을 생산과정에 충분히 활용하여야 한다. 즉 이해당사자 간 신뢰를 통해 거래비용을 줄이고 자원봉사와 기부 및 사용자 참여를 통해 생산비용도 줄이는 사회적 경제의 경영학이 정립될 필요가 있다.

우리나라에서는 서유럽에서처럼 '노동'을 끌어 들여 개혁해야 할 '복지'는 실질적으로 존재하지 않았다. 그러므로 빈부의 양극화를 해결할 국가의 복지기능확충은 국가의 당면과제라 할 수 있다. 그러나 그러한 복지개입의 확대가 과거의 서구유럽에서처럼 복지의존층을 양산하는 현금급여 방식일 필요는 없다. '괜찮은 일자리'를 창출하여 스스로의 복지를 책임지게 만들고, 더 나아가 그 일자리를 통해 지역사회의 삶의 질도 제고시키는 방향으로 이루어지는 것은 매우 바람직하며 누구도 거부하기 어려운 시대적 흐름이라 할 수 있다. 이러한 맥락에서 양극화 극복이라는 화두 속에서 제시된 '사회적 일자리 정책'은 시장주의에 충실한 미국의 보수적 복지개혁 논리보다는 시민사회공동체 조직에 의한 협동과 연대에 초점을 두는 유럽의 사회적 경제모델에 가깝다고 할 수 있다.

우리나라에서 사회적 경제는 1980년대 후반 사회주의권의 붕괴이후 사회운동의 대안모색과정에서 담론 형태로 소개되었다. 그러다가 일회성 철거반대투쟁의 한계를 극복하기 위한 도시빈민운동의 '생산자 협동조합' 실험을 통해 본격적으로 구체화되면서 도입되었다. IMF 외환위기에 따른 실업대란에 직면한 정부가 기초생활보장제도와 연계하여 2000년부터 자활사업을 제도화하였으며, 2003년부터는 이와는 별도로 사회적 일자리 창출사업을 시행하기에 이르렀다.

## ② 사회적 기업 제도화에 따른 쟁점

현재 "사회적 기업 육성법"과 관련하여 첫째 사회적 서비스 시장 확보의 필요성, 둘째 사회적 서비스 바우처 사업과의 관계, 셋째 영리기업에 대한 사회적 기업 인증의 의미라는 세 가지 쟁점이 논의되고 있다.

A. 사회적 서비스 시장의 문제

현재 우리나라에서 사회적 기업 육성을 위해 가장 핵심적인 것은 무엇보다도 사회적 서비스 시장의 형성 문제이다. 현행 사회적 기업 육성법은 이러한 사회적 시장을 위한 중앙정부의 육성의지와 방향을 상실한 채 오히려 연계 지방자치단체, 연계 대기업에 대한 의존을 지나치게 강조하는 것처럼 보인다. 따라서 사회적 기업 육성법은 비영리 시민단체의 사회적 기업이 동종의 영리기업에 비해 경쟁력을 가질 수 있도록 창업 단계부터 중앙 및 지자체 시장 확보와 관련된 육성 지원 내용이 더욱 강화되어 포함될 필요가 있다.

B. 바우처 사업과의 관계 문제

사회적 기업육성법을 보면 자체적인 사회적 시장형성의 노력은 별로 없이, 보건복지부가 주도하는 간병, 보육 등의 사회적 서비스 바우처 사업추진에 의존하려는 경향을 보이고 있다. 즉, 바우처 사업에 영리기업까지 포함한 사회적 기업을 연계시키려는 의도가 발견된다. 그런데 바우처 사업 역시 간병, 보육 등의 공급자로 기존의 복지관이나 지역자활센터 외에 민간 영리기업까지 포함시키고 있어 노동부에 의한 사회적기업육성법상 영리기업에 대한 사회적 기업 인증 논리와 일맥상통하는 것으로 볼 수 있다.

### C. 영리기업의 사회적 기업 인증 문제

노동부의 사회적기업육성법이나 보건복지부의 바우처 제도는 영리기업을 사회적 서비스 시장의 새로운 공급자로 간주하는 공통점을 가지고 있다. 이와같은 제도적 상황은 사회적 기업들이 정부의 보호된 시장에서 안주하는 단계를 벗어나 영리기업과도 경쟁해야 하는 진정한 사회적 목적의 투명성을 갖추기를 요구하고 있다. 물론 영리기업이라도 취약계층을 고용하여 사적 이윤의 취득보다 일자리 창출을 우선하고 전문적이고 효과적인 대고객적 자세를 취함으로써 지역사회에 공헌하는 선의의 조직이 있다면 사회적 기업을 시민사회의 비영리 비정부조직이 독점해야 할 당위성은 사라진다. 그럼에도 불구하고 현행 사회적 기업 육성법상 첫째로 수익의 3분의 2 이상의 추가 고용을 위한 재투자, 둘째로 청산 시 자본금의 3분의 2 이상 지역사회 환원 명시 등의 규정만으로 영리기업이 '사회적 목적'에 부합하는가를 판단하는 것은 너무나 허술한 장치라고 볼 수 있다.

영리기업의 목적은 원천적으로 '영리'이지 '사회'일 수 없다. 그러므로 사회적기업육성법의 혜택을 받는 동시에 영리를 불리기 위해 회계장부 조작 등의 반사회적 행위를 서슴치 않는 영리추구형 사회적 기업이 얼마든지 생겨날 수 있다. 따라서 사회적 기업에 영리기업이 포함되는 것은 현실적으로 불가피할지라도 일자리 창출과 사회적 서비스 제공에 대한 영리기업의 진정성과 심층적 이해 정도를 인증 심사시 엄격히 판별하는 잣대가 마련되어야 할 것으로 본다.

이러한 시장주의형 사회적 기업 관점에 맞서 시민사회의 사회적 경제논리에 입각한 '괜찮은 일자리' 창출의 모델을 정립하기 위해서는 많은 비영리조직들이 재활용, 마을 활성화, 문화적 일자리 등의 사회적 서비스 제도화를 이루는 것이 필요하다. 이를 위해서는 사익을 우선하는 영리기업이 아닌 환경운동, 농민운동, 문화운동 등 각 분야의 사회운동 조직들이 사회적 기업 네트워킹을 이루고 활성화하는 것이 무엇보다 중요하다. 이러한 토대 위에서 사회적 자본에 근거한 대안적인 일자리 창출 전략이 다양하게 모색되는 것이 바람직하다.

③ 현행 제도

A. 사회적 기업의 개념
사회적 목적을 우선적으로 추구하면서 영업활동을 수행하는 기업 및 조직을 말한다.

B. 사회적 목적
a. 취약계층에게 일자리 또는 사회적 서비스 제공
　※ 취약계층 : 저소득자, 고령자, 장애인, 성매매 피해자, 장기실업자, 경력단절여성 등
b. 지역사회 발전 및 공익증진
c. 민주적 의사결정 구조(서비스 수혜자, 근로자, 지역주민 등 이해관계인 참여)
d. 수익 및 이윤발생 시 사회적 목적 실현을 위한 재투자(상법상 회사 이윤의 3분의 2이상)

C. 영업활동

a. 조직형태는 비영리법인, 단체, 조합, 상법상 회사 등 다양하게 인정

b. 유급 근로자 고용

c. 영업활동을 통한 수입이 노무비(인건비)의 3분의 2이상


D. 사회적 기업의 법적 개념(사회적 기업 육성법 제2조)

a. 취약계층에게 사회서비스, 또는 일자리를 제공하거나 지역사회에 공헌함으로써 지역주민의 삶의 질을 높이는 등의 사회적 목적을 추구하면서 재화 및 서비스의 생산판매 등 영업활동을 하는 기업

b. 주주나 소유자를 위한 이윤극대화를 추구하기보다는 우선적으로 사회적 목적을 추구하면서 이를 위해 이윤을 사업 또는 지역공동체에 다시 투자하는 기업


E. 사회적 기업의 종류

우리나라는 사회적 목적에 따라 5개 유형으로 분류하고 있다.

a. 일자리 제공형 : 조직의 주된 목적이 취약계층에게 일자리 제공

b. 사회서비스 제공형 : 조직의 주된 목적이 취약계층에게 사회서비스 제공

c. 통합형 : 일자리 제공형+사회서비스 제공형

d. 기타형 : 사회적 목적의 실현여부를 고용비율과 사회서비스 제공비율 등으로 판단하기 곤란한 사회적 기업

e. 지역사회공헌형 : 지역사회 주민의 삶의 질 향상에 기여(2011년 신설)

F. 사회적 기업의 기대효과

a. 지속가능한 일자리 제공

   – 취약계층을 노동시장으로 통합

   – 보람되고 좋은 일자리 확대

b. 지역사회 활성화

   – 지역사회 통합

   – 사회적 투자확충을 통한 지역경제 발전

c. 사회서비스 확충

   – 새로운 공공서비스 수요 충족

   – 공공서비스 혁신

d. 윤리적 시장 확산

   – 기업의 사회공헌과 윤리적 경영문화 확산

   – 착한 소비문화 조성


G. 사회적 기업 운영 형태

## a. 예비적 사회기업과 인증 사회적 기업(단위 : 개)

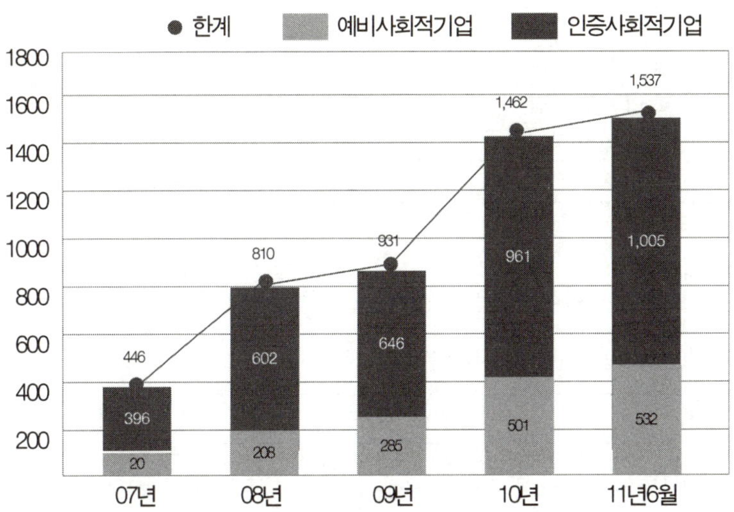


## b. 취약계층의 고용비율(단위 :명)

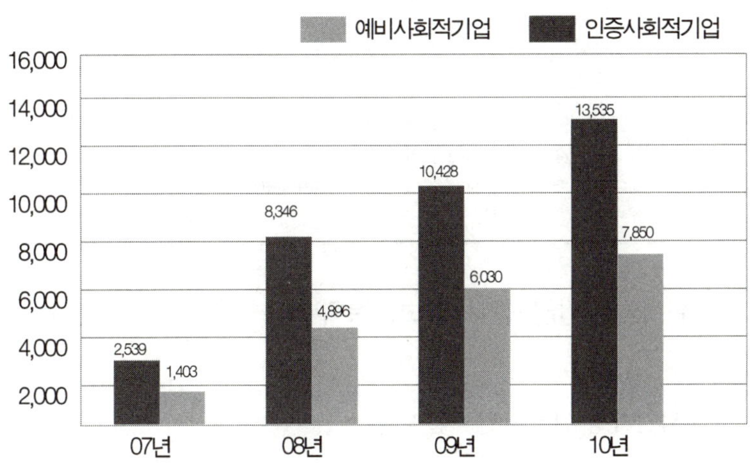

c. 20인 이상 근로자 고용 사회적 기업

| 근로자 수 | 기업수 (개) | 비고 |
|---|---|---|
| 20인 미만 | 24 | |
| 20~50인 미만 | 150 | |
| 50~100인 미만 | 48 | |
| 100인 이상 | 9 | |
| 총계 | 227개 | |

## H. 한국사회적기업진흥원 설치 운영(고용노동부 산하)

(http://www.socialenterprise.or.kr)

| 구 분 | 주요 내용 | 비 고 |
|---|---|---|
| 설립목적 | 사회적 기업의 육성 및 진흥에 관한 업무를 효율적으로 수행하기 위함 | 설립등기 : 2010. 12. 31<br>업무개시 : 2011. 1. 17. |
| 설립근거 | 사회적 기업 육성법 제20조 | |
| 고유업무 | -사회적 기업가 양성과 사회적 기업 모델 발굴 및 사업화 지원<br>-사회적 기업의 모니터링 및 평가<br>-업종 지역 및 전국 단위 사회적 기업 네트워크 구축 운영 지원<br>-사회적 기업 홈페이지 및 통합정보시스템 구축 운영 | |
| 위탁업무 | -사회적 기업 활동에 관한 실태조사<br>-사회적 기업 인증에 관한 업무<br>-정관 등의 변경에 관한 보고서의 수리(受理)<br>-교육훈련의 실시 | |

## 3) 위기가정 긴급지원사업(보건복지부)

### ① 위기가정 긴급지원사업 내용

위기가정 긴급지원사업은 갑작스러운 위기상황으로 인하여 생계유지 등이 곤란한 가구에 대하여 선지원 후조사 원칙에 따라 신속하게 지원하여 위기상황을 해소함을 목적으로 하는 제도이다.

**② 위기가장 긴급지원사업의 지원대상**

〈긴급복지지원법〉에서 정하는 위기사유에 해당하는 자는 다음과 같다.

A. 주소득자의 사망, 가출, 행방불명, 구금시설 수용 등으로 가구원 소득이  최저생계비 이하인 경우

B. 중한 질병 또는 부상을 당한 경우

C. 가구원으로부터 방임.유기되거나 학대를 당한경우

D. 가정폭력 또는 가구원으로부터 성폭력을 당한 경우

E. 화재 등으로 거주하는 주택이나 건물에서 생활하기 곤란하게 된 경우

F. 그 밖에 보건복지부장관이 정하여 고시하는 사유가 발생한 경우

　　　– 이혼으로 인한 소득상실, 단전 1개월 경과시

③ 위기가정 긴급지원사업 지원 기준

(소득기준) 최저생계비 150% 이하, 단 생계지원의 경우 100%

(재산기준) 대도시 1억 3,500만 원, 중소도시 8,500만 원, 농어촌 7,250만 원

(금융재산) 300만 원 이하

※ 관련 법적 근거

□ 위기상황으로 인정하는 사유

......................................................

보건복지부 고시 제 2012-15호

「긴급복지지원법」제2조 제6호에 따라 '위기상황으로 인정하는 사유'
(보건복지가족부 고시 제 2009-150호, 2009.8.24)를 다음과 같이 같
이 개정 고시합니다.

2012년 1월 30일 보건복지부 장관

......................................................

1. 주소득자와 이혼의 사유로 소득을 상실하고 가구구성원의 소득이
   최저생계비 이하일 때

2. 단전되어 1개월이 경과된 때(소전기 제한기 부설 포함)

3. 주소득자의 휴업, 폐업으로 가구의 생계유지 등이 곤란하여 다음의
   요건을 모두 충족하는 경우

가. 가구구성원 중 주소득자가 부가가치세법 등에 따른 간이과세자로
    서 1년 이상의 영업을 지속한 후 휴·폐업신고를 한 경우. 단 공급
    가액이 4,800만 원 이하인 소규모 제조업 및 도매업 포함

나. 긴급지원 신청일 기준 휴·폐업신고일이 1개월 경과 6개월 이내
    인 경우

다. 휴·폐업신고 직전 주소득자의 종합소득금액이 2,400 만원 이하

인 경우

4. 주소득자의 실직으로 가구의 생계유지 등이 곤란하여 다음의 요건

을 모두 충족하는 경우

가. 가구원 중 주소득자가 실직했으나 고용보험 실업급여를 받지 못

하는 경우

나. 긴급지원신청일 기준 실직한 날이 1개월 경과  6개월 이내이고 실

직 전 6개월간 근로한 경우

다. 1개월간 소정근로시간이 고용보험법 제10조 제2호 및 동시행령

제3조 제1항에서 정한 적용제외 근로자 기준의 근로시간 이상인

경우

5. 교정시설에서 출소한 자가 생계가 곤란하고 거소가 없으며 다음의

요건을 모두 충족하는 경우

가. 가족이 없거나 가족과의 관계가 단절된 경우

나. 구금기간이 1개월 이상으로서 긴급지원 신청일 기준 6개월 이내

출소한 경우

6. 가족으로부터 방임유기 또는 생계유지의 곤란 등으로 노숙을 하는

경우로 다음의 요건을 모두 충족하는 경우

가. 노숙인 시설 및 노숙인 종합지원센터에서 노숙인을 사정하여

시 · 군 · 구청장에 긴급지원대상자로 신청한 경우

나. 노숙을 한 기간이 6개월 미만일 때

7. 그 밖에 이 법의 취지에 반하지 않는 범위 내에서 해당지역의 상황

을 고려하여 조례로 정하거나 지방자치단체장이 인정하는 경우

8. 재검토 기한

「훈령예규 등의 발령 및 관리에 관한 규정」( 대통령훈령 제248호)에 따라 이 고시 발령 후의 법령이나 현실여건의 변화 등을 검토하여 이 고시의 폐지, 개정 등의 조치를 해야 하는 기한은 2012년 8월 23일까지로 한다.

## □ 금융재산기준

보건복지부 고시 제2012-16호

「긴급복지지원법」제13조 및 「동법시행령」제7조의 규정에 따른 '금융재산 기준'(보건복지가족부 고시 제2009-150호, 2009.8.24)을 다음과 같이 개정 고시한다.

2012년 1월 30일  보건복지부 장관

1. 금융재산 기준

300만 원 이하(단 주거비용은 500만 원 이하)

2. 재검토 기한

「훈령예규 등의 발령 및 관리에 관한 규정」( 대통령훈령 제248호)에 따라 이 고시 발령 후의 법령이나 현실여건의 변화 등을 검토하여 이 고시의 폐지, 개정 등의 조치를 해야 하는 기한은 2012년 8월 23일까지로 한다.

④ 위기가정 긴급지원사업의 지원내용(2011년 기준)

| 종 류 | | 지 원 내 용 | 지 원 금 액 | 최대 횟수 |
|---|---|---|---|---|
| 금전현물지원 | 생계지원 | ○식료품비, 의복비 등 1개월 생계유지비 | 973천 원 (4인기준) | 6회 |
| | 의료지원 | ○각종 검사, 치료 등 의료서비스 지원 | 300만 원 이내 | 2회 |
| | 주거지원 | ○국가·지자체 소유 임시거소 제공 또는 타인소유의 임시거소 제공 | 351천 원 (중소도시, 3~4인 기준) | 6회 |
| | 사회복지시설 이용지원 | ○사회복지시설 입소 또는 이용서비스 제공 | 1,204천 원 (4인 기준) | 6회 |
| | 교육지원 | ○초·중·고등학생 수업료 등 | 수업료·입학금 | 2회 |
| | 그밖의 지원 | ○다음의 위기사유 발생으로 생계유지가 곤란한 가구에 지원<br>– 동절기(10~3월) 난방비 : 7.4만 원<br>– 해산비·장제비·전기요금 : 50만 원(1회)1회 | | (난방비 6회) |
| 민간기관·단체 연계지원 등 | | | | |

⑤ 위기가정 긴급지원사업의 신청방법

  – 주소지의 시·군·구청 방문 및 보건복지부 콜센터(☎129)

## 4) 무한돌봄 사업

### ① 설치배경 및 전개 과정

2008년 11월부터 김문수 경기도지사가 당시 금융위기 상황에서 위기가정에 대한 지원을 위한 경기도 무한돌봄사업을 추진하였다. 이 사

업은 도·시비 300-400억 원에 가까운 예산을 들여 경기도 복지브랜
드로 각광받는 사업이 되었다. 하지만 실제적으로는 생계비 지원에 그
치고, 위기가정 발굴과 사후관리 부재 등 구호성 사업에 머물러 그 한
계를 극복하고자 사례관리 시스템의 필요성이 제기되었다. 당시 남양
주의 희망케어센터, 안산의 통합서비스센터 등 지역차원에서 자체적
으로 사례관리를 진행하고 있는 모형연구를 통해 결국 경기복지재단
을 중심으로 사례관리 기능을 하기 위한 시군 무한돌봄센터의 설치를
추진하게 되었다.

### ◆ 무한돌봄사업의 발전방향

(2009.12.22. 경기복지재단 무한돌봄사업 발전방향 내용 중)

□ 사례관리 중심으로의 전환 필요
- 무한돌봄사업의 발전 방향은 무한돌봄사업의 효과성을 높이
기 위해 경기도-시·군-지역의 서비스 연계를 강화하고 사
후관리가 가능한 시스템을 구축하는 것임.
- 이를 위해 전반적인 서비스 전달체계의 개념 전환이 필요함.
현재의 복지서비스는 공급자 중심, 프로그램 중심 방식으로
여러 가지 문제를 발생시킴. 서비스 연계를 강화하고 사후관
리가 가능하기 위해서는 서비스 전달방식을 사례관리 방식
으로 전환하는 것이 필요.

□ 사례관리를 위해 무한돌봄센터를 설치

– 효율적으로 복지 서비스를 전달하기 위해서는 사례관리를
체계적으로 진행할 수 있는 곳이 필요.


□ 민·관 협력시스템의 구축
– 사례관리를 효과적으로 진행하기 위해서 또한 대상자에게
필요한 서비스를 제공하기 위해서는 민간과 공공의 협조가
필수적임. 민간과 공공이 함께하는 서비스 전달체계 구성이
필요.
– 현재 무한돌봄센터의 인력 보충, 민관 협력방식으로 전환하
여 지역에서 사례관리를 중심으로 한 서비스 전달체계를 구
축하는 것이 필요.
– 이런 측면에서 각 시·군에 새롭게 변화된 무한돌봄센터를
설치하는 과정이며 2010년 말까지 전 31개 시·군으로 확대.


◆ 경기도 무한돌봄센터 운영모델 개발안
(2009.8.27 경기복지재단)


□ 무한돌봄 사업 현황
– 무한돌봄 사업은 2008년 11월부터 시작된 경기도의 특화된
복지사업으로 위기가정을 지원하기 위한 한시적 제도이며
기초생활 보장제도의 보완적 역할 수행을 목적으로 함.

- 그러나 현재 무한돌봄 사업은 여러 가지 측면에서 벽에 부딪
힌 상황임.
① 긴급지원사업, 희망근로사업이 시작되면서 기초생활보장제
　　를 보완하는 무한돌봄의 역할이 제한되고 있음.
② 무한돌봄 사업이 현금제공을 중심으로 하므로 다양한 복지
　　서비스들과 연계하는데 어려움이 존재하고 있음.
③ 주민생활지원과의 제한된 인력으로 운영하다보니 무한돌봄
　　센터를 통한 사례 발굴과 사례관리에 어려움이 존재함.
④ 사회복지현장에서 무한돌봄에 대한 인지도가 낮거나 무한
　　돌봄사업이 제한적이며 한시적이라는 인식이 존재함.

□ 무한돌봄의 추진 방향
- 무한돌봄은 경기도의 특화된 복지사업이라는 점에서 상징적
　으로 유지해야 할 필요가 있는 사업 아이템임.
- 이에 '무한돌봄' 사업에 대한 장기적 발전 방안이 필요하며,
　이를 기초로 무한돌봄 사업의 내·외적인 확대가 요구됨.
- 무한돌봄 사업 재편의 핵심은 복지서비스의 연계임. 도와 시
　군 차원의 경쟁력은 바로 지역사회의 복지서비스에 있음.
- 무한돌봄 사업은 이러한 복지서비스 연계에 핵심적인 역할
　을 담당할 수 있음. 이는 현재 중앙정부 차원에서 이루어지
　는 복지전달체계 개편과 관련해서 경기도만의 복지서비스
　전달체계를 구축하는 것이라 할 수 있음.

> - 무한돌봄 사업의 장기적인 발전방안은 '첫째로 경기도의 선
>   진적인 복지전달체계 구축을 목표로, 둘째로 복지서비스들
>   을 연계하는 포괄적인 사업으로 전환' 하는 것임.
> - 이런 역할은 한시적으로 위기가정을 지원하던 무한돌봄 사업
>   을 뛰어넘는 것으로 현재 무한돌봄센터를 확대 개편하여 복
>   지 서비스를 연계하는 복지전달체계의 핵심축으로 역할하고
>   있음.

## ② 무한돌봄센터 설치 및 운영 현황

### A. 무한돌봄센터 기본모형

| 구 분 | | 근무인원(명) | | 예산지원(단위: 백만 원) | | | 운영주체 |
|---|---|---|---|---|---|---|---|
| | | 계 | 공무원 | 민간전문가 | 계 | 민간전문가 인건비 | 운영비 | |
| 시군무한돌봄센터 | | 4 | 2 | 2 | 140 | 80(2명×40) | 60 | 유형1: 시군직영(6급공무원 센터장) 유형2: 법인위탁(민간전문가 센터장) |
| 지역네트워크팀 | 기본형 (도시형) | 1 | | 1 | 40 | 30(1명×30) | 10 | 법인위탁운영 |
| | 확장형 (농촌형) | 5 | | 5 | 190 | 150(5명×30) | 40 | |

### B. 무한돌봄센터 운영현황

무한돌봄센터는 경기도가 복지서비스의 사각지대에 놓여 있어 어떠

한 지원도 받지 못하는 위기가정을 돕기 위해 지난 2009년 11월부터 실시해 온 무한돌봄사업을 한 단계 업그레이드시킨 선진형·통합형 사회복지전달체계라 할 수 있다. 무한돌봄센터는 기존의 공급자 중심의 복지서비스를 수요자 중심의 서비스로 전환하는 한편 통합관리망을 단체 중심의 프로그램에서 가족과 개인 중심의 사례관리 시스템으로 전환하여 도움의 손길이 필요한 도민에게 실질적인 도움이 되고 있다. 또 단순한 현물 중심의 서비스 제공에서 벗어나 어려움에 처한 위기상황의 도민에게 알맞은 맞춤형 서비스를 공공복지자원과 지역의 민간복지자원과의 연계를 통해 원스톱(one stop)으로 제공되는 새로운 복지서비스이다.

무한돌봄센터 운영체계는 경기도 무한돌봄센터와 시·군 무한돌봄센터, 무한돌봄네트워크팀, 도센터에 마련된 전문위원회, 시·군 센터에서 운영하는 솔루션위원회로 이루어져 있다. 경기도 무한돌봄센터는 각 시·군 무한돌봄센터의 중심에서 시·군 무한돌봄센터의 운영 및 홍보지원, 실무자 역량강화교육, 유관단체간 네트워크 구축 연구 및 모니터링, 컨설팅 등의 업무에 주력한다. 2010년 4월 개소식을 갖고 경기복지재단 내에 보금자리를 마련한 경기도 무한돌봄센터는 고객감동의 맞춤형 복지전달체계의 구축을 위해 도차원에서 시·군 무한돌봄센터의 운영을 지원하고 있다.

무한돌봄센터의 지원대상자는 주소득자가 사망, 가출, 행방불명 등으로 생계가 곤란하게 되었거나, 중한 질병 또는 부상을 당한 도민, 가구구성원으로부터 방임, 유기, 학대, 가정폭력, 성폭력 등을 당한 도민, 화재 등으로 거주하는 주택에서 생활이 곤란한 도민이다. 또 주소득자와 이혼으로 생계가 곤란하게 되었거나 실직, 사업의 실패로 소득을 상실하여 생계가 곤란하게 된 경우, 가정해체 등의 위기상황에 처한 경우이다.

무한돌봄센터의 이용 방법은 시·군 무한돌봄센터에 전회를 하거나 경기도콜센터(031-120)로 연락하면 즉시 해당부서로 연결되어 민원인에게 상담지원이 이루어지게 된다.

각각의 무한돌봄센터에는 센터장을 비롯해 행정업무를 담당하는 공무원과 2명의 사례관리전문가, 무한돌봄네트워크팀원 등의 인력이 배치되어 있다. 경기도 내 30개 시·군에 배치된 무한돌봄센터의 종사자 270여 명은 원스톱복지서비스 제공, 복지사각지대 해소, 함께하는 능동적 복지실현을 목표로 하고 있다. 무한돌봄네트워크팀은 지역 내 협력기관과의 연계를 통해 위기가정 사례 발굴 및 접수, 집중대상 사례관리 수행, 지역 자원개발 및 조직화에 나서고 있다. 그와 학계, 현장전문가로 구성되어 있는 자문위원회는 시·군무한돌봄센터 사례관리와 교육 및 전문 컨텐츠를 지원하며 지역내 다양한 분야의 전문인력으로 구성되어 있는 솔루션(solution)위원회는 위기사례에 대한 전문사례회의에 동참하게 된다.


C. 무한돌봄센터의 문제점

경기도 무한돌봄센터의 설치와 운영에 대해 지역사회 현장에서 끊임없는 문제점이 제기되고 있다. 먼저 지역사회복지협의체와의 기능(조정, 협의기능, 자원개발 등)과 조직(대표협의체, 실무협의체, 운영위원회, 솔루션위원회 등)의 중복성 문제가 있다.

※ 무한돌봄센터와 협의체 기능 비교

| 무한돌봄센터 | 지역사회복지협의체 |
|---|---|
| 지역사회복지자원 발굴 및 연계<br>(매뉴얼) | 지역주민의 복지욕구조사, 지역내 복지자원 조사 및 개발에 관한 사항<br>(조례 기능(제3조)) |
| □ 사례관리 지원(매뉴얼)<br>　-심각한 위기사례의 경우 사례회의 운영 및 지원, 서비스제공 계획 수립<br>　-읍·면·동을 통해 접수, 배정된 사례에 대해 대상자의 사례판정 및 사례관리기관 배정<br>　-사례회의를 통한 자원연계 및 자원배분계획 수립<br>　-전문적 사례회의를 위한 솔루션위원회 구성 및 운영<br>　-무한돌봄네트워크팀에 대한 모니터링 및 조사, 평가<br>　-사회복지 정보제공에 대한 안내<br>　-지역복지자원에 대한 정보제공 역할담당 | ① 지역사회복지계획 수립 및 모니터링 (매뉴얼)<br>　-사회복지전달체계에 관한 사항<br>　-지역사회복지관련 통계 수집 및 정리에 관한 사항<br>　-사회복지서비스 및 보건의료서비스의 연계 제공 방안에 관한 사항<br>　-욕구 및 자원조사 및 개발<br>　-서비스간 조정 및 개선 추진<br>② 통합서비스 사업(협의체 매뉴얼)<br>　-사례관리 지원사업<br><br>　-지역자원연계사업<br>　-연계 및 조직화 사업<br>　-교육사업 |

# 3. 대응 사례(해피월드 복지재단을 중심으로)

## 1) 기본대응전략

□ 현장밀착중심의 실질적 대응

□ 제도/절차/형식 등에 얽매이지 않는 즉각적인(Real Time) 대응

□ 공정하고 투명한 대응

## 2) 사례별 REVIEW

① 마이크로 크레디트 창업자금 지원 사례

  (해피뱅크 사업본부)

A. 공적 자금(휴면예금기금)

a. 지원 대상자 요건

① 「국민기초생활보장법」에서 정한 <u>수급권자 또는 차상위계층</u>
② 「조세특례제한법」에서 정한 <u>'근로장려금' 신청자격 요건 충족자</u>
③ 종합신용정보집중기관에 <u>신용정보가 등록되어 있지 아니한 자</u>
④ 종합신용정보집중기관에 <u>연체·부도의 신용정보가 등록된 자</u>
  (파산면책결정자, 개인회생결정자 등 )
⑤ 「신용정보의 이용 및 보호에 관한 법률」에 따른 신용정보회사
  (한국신용정보, 한국신용평가정보, 코리아크레디트 뷰로)에서 평
  가한 <u>개인신용등급 7등급 이하인 저신용자</u>
※ 제외대상
<u>금융업, 보험업, 부동산 및 임대업, 유흥 및 주점, 사치 향락, 오락
업종 등/법인사업자</u>

b. 지원 내용

◇대출한도: 신청인 가구당 <u>최고 4,000만 원 범위내</u>(사업장 임차보

증금 포함)

◇자금용도: <u>창업자금 및 경영개선자금</u>

◎ 창업자금

① 예비 창업자: 사업장 임차보증금 및 운영자금 <u>2,000만 원 범위 내</u>

② 1년 이내 창업자: 운영자금 <u>2,000만 원 범위 내</u>

◎ 경영 개선자금

① 기 창업자금 수혜자: 자활의지, 사업능력, 사업성 여부, 상환능력, 기존 거래신용도 등을 감안하여 최고 2,000만 원 범위 내 추가 지원

② 기존 사업자: <u>최고 4,000만 원 범위 내</u>

  – 운영자금: 신청인당 <u>2,000만 원 범위 내</u>

  – 시설자금: 신청인당 <u>2,000만 원 범위 내</u>

<u>(*사업장 이전, 시설확장, 업종변경, 사업장 임차보증금 증액 등 운영자금 이외자금)</u>

◇대출기간: <u>대출 취급일로부터 4년 이내</u>(최종 상환월상환금 납입일까지)

◇적용이자율: <u>연6.0 ~ 7.5%</u>

◇담보조건 : 무보증 신용대출 조건

◇상환방법: 거치기간을 제외한 기간 중 상환원금 및 이자균등 분할 상환


c. 지원 프로세스


(1단계) 전화/방문 상담 신청 및 상담 진행

(2단계) 상담자 중에서 상기 요건에 해당하는 자에 대한 〈면담 기술서〉

　　　작성 및 지원 신청서 제출

(3단계) 서류 심사

(4단계) 서류 심사 통과자에 대한 현장 종합 실태 조사

(5단계) 현장 실태 조사 보고서 작성

(6단계) 대출심사위원회의 정밀심사(심사위원 5~7명으로 구성)

(7단계) 심사 통과자에 대한 선정 확정

(8단계) 선정 확정들에 대한 창업/경영 교육 실시

(9단계) 대출 약정 및 실행

(10단계) 사후 관리의 진행


d. 선정심사의 주요 체크 포인트


◇ 자립 · 자활 의지

　　– 심리적 공황(panic) 상태 해소 및 심리적 안정 상태

　　– 미래에 대한 희망과 긍정적 마인드

　　– 지원금 상환 의지와 상환 가능성

　　– 가족의 협력 여부 등

◇ 사업성 및 재무능력

　　– 사업 아이템의 사업타당성(사업계획서) 및 성장 잠재력

　　– 추정 매출액 및 수익성

　　– 투자금액 및 자금용도의 적합성

　　– 자기자본 보유 현황

　　– 타인 자본조달 능력(가족/지인 등)

- 기타 숨겨진 부채의 존재 여부 등

◇ 사업 운영 능력

- 사업경험 및 사업감각의 정도

- 관련 자격증 보유 여부

- 친절도 및 서비스 마인드 정도

- 마케팅 등 영업 능력

- 대인관계 및 신뢰도

- 사업 숙련도 및 이해도 등

◇ 기타 관련 사항

- 직무능력 평가 등


e. 지원 실적


□ 연도별 지원현황 (2011.12월말 기준)

| 구 분 | 2009년도 | 2010년도 | 2011년도 | 계 |
|---|---|---|---|---|
| 업 체 수 | 82개(82건) | 70개(97건) | 39개(61건) | 191개(240건) |
| 지 원 액 | 15억원 | 17억4,500만원 | 10억5,500만원 | 43억원 |

* 1. 지원 업체 중 우수업체에 대해서는 추가 운영자금 지원함.

  2. 2010년 우수지원기관으로 선정되어 국무총리상 수상

□ 업종별 지원현황 (2011.12월말 기준) (단위:업체수,억원)

| 구분 | 음식업 | 도소매 | 서비스 | 출판업 | 제조업 | 기 타 | 계 |
|---|---|---|---|---|---|---|---|
| 업 체 수 | 47 | 68 | 40 | 4 | 16 | 16 | 191 |
| 지 원 액 | 9.0 | 16.7 | 8.3 | 1.1 | 4.5 | 3.4 | 43.0 |


f. 사례 소개


□ 사례 1


■ 업 체 명: O O 이벤트 [대표자: 정O O(여/당시:34세)]
■ 업 종: 서비스업, 소매업(이벤트, 풍선, 장식, 파티용품)
■ 사업장 소재지: 서울시 강서구 공항동
■ 지원금액: 2,000만 원(창업자금)
■ 지원일자: 2009. 6. 17


- 상기 창업자는 결혼 6년차로 자녀(아들:9살, 딸:5살)를 두고 있는 주부이며 남편은 2007년 12월 뇌출혈 수술로 정상적인 경제활동이 어려우며 현재 주기적인 통원 치료 중으로 본인이 여성가장의 역할을 감당할 수밖에 없었음.

- 상기 본인은 1999년도부터 한국투자증권에서 7년간 근무 중 업무상 배상책임을 부담해야 하는 예기치 못한 상황이 발생하여 2006년 4월에 불가피하게 퇴직하게 되었고 그 후 채무를 감당할 수 없어 파산신청 후 2007년 6월에 면책을 받은 바 있음.

- 남편은 뇌수술 전에도 정상적인 경제활동은 하고 있었으나, 별다른 수입이 없어 가장으로서 역할은 기대할 수 없었고 설상가상으로 2007년 12월에 갑자기 뇌출혈로 쓰러져 수술을 받게 되었으며, 현재도 정상적인 경제활동은 어려운 상황임.

- 상기 본인은 어쩔 수 없이 가정의 생계를 책임져야 하는 상황이 도래하여 친정 부모님이 거주하는 임대아파트로 보금자리를 옮기는 한편, 직접 할 수 있는 일을 찾아보았으나 일자리는 마땅치 않았고 경제력이 없는 시아버지의 생계까지 책임져야 하는 상황으로 자녀를 포함한 다섯 식구와 남편 병원 수술비, 치료비 등을 감당하기란 쉽지 않은 현실이었음.

- 상기 본인이 생계를 위해 평소 관심이 있던 분야를 찾다보니 풍선장식이 적성에 맞고 지속적으로 할 수 있겠다는 확신이 들어 풍선자격증(1급, 2급), 풍선공예지도사 자격증, 레크리에이션 지도자(돌잔치 사회자: 3급)를 취득하여 다행히 프리랜서로 활동할 수 있게 되었음.

- 남편의 경제력 상실로 본인의 수입만으로는 가계를 꾸려가기가 몹시 힘든 상황이었으나, 다행히도 『국민기초생활보장법』에서 정한 '차상위계층'으로 인정되어 기초생활지원을 받아 겨우 생계를 꾸려갈 수 있게 되었음.

- 그러나 본인의 적은 소득만으로는 생계유지가 불안하여 소득증대를 위한 방안이 없을까 늘 고민하게 되었으며, 그럴 때마다 자녀들을 생각하고 가정의 미래를 생각하여 어떻게 해서라도 창업을 통해 스스로 일어서야 한다는 강한 결심을 하게 되었음.

- 막상 생계형 창업을 위해 제도권 금융기관 및 정부지원 창업지원기관 등을 방문하여 다방면으로 지원받을 수 있는 길을 찾아보았으나,

본인의 파산·면책경력 때문에 어떤 지원도 기대할 수 없었고 실망과 한숨만 더하게 되어 우리 사회의 비정한 현실을 다시 한 번 실감하게 되었음.

- 마침 소액서민금융재단에서 휴면예금을 재원으로 자활의지가 강하고 성공가능성이 큰 생계형 예비 창업자에게 창업을 지원한다는 소식을 언론에서 전해 듣고 '해피월드복지재단'에 창업지원 신청을 하게 되었고, 상기 본인이 정성들여 꼼꼼하게 짠 사업계획의 타당성을 인정받았으며 매우 까다로운 심사 과정을 거쳐 천금 같은 2,000만 원을 지원받아 창업에 이르게 되었음.

- 현재는 사업이 점차 안정기에 접어들어 월 400만 원~500만 원의 수익 실현으로 한 가족의 생계는 물론 자활의 기틀을 더욱 확고히 다져가고 있으며, 생각해 보니 지원 받았던 순간이 엊그제 같은데 벌써 3년 가까이 상환이 이루어져 이제 1년 남짓 남아 그동안 무사히 상환할 수 있도록 도와준 남편과 거래처 모든 분들께 감사하고 있음.

- 한 가족의 생명줄과도 같이 연결된 해피월드복지재단의 선처에 늘 감사하고 있으며 반드시 성공하여 본인의 힘들고 어려웠던 순간에 손을 내밀어 준 해피월드복지재단과 본인의 처지와 같은 위기상황에 놓인 어려운 이웃에게 나누는 삶을 꼭 실천할 것을 다짐하고 있음.


□ 사례 2


■ 업 체 명: 00 [대표자: 이 0 0(여/당시:37세)]
■ 업 종: 소매업(의류, 캐주얼 및 아동복, 숙녀복 등)

■사업장 소재지: 인천시 계양구 박촌동

■지원금액: 2,000만 원(창업자금)

■지원일자: 2009. 6. 17

- 상기 창업자는 결혼 10년차로 자녀(아들:9살, 딸:5살)를 슬하에 두고 있는 전업주부였으며 남편이 사업실패에 따른 부도로 인하여 경제적인 파탄에 이르렀고 남편은 법원으로부터 2007년 2월에 파산면책 결정을 받았음.

- 남편은 이러한 상황을 딛고 재기의 발판을 마련해 보려고 끊임없이 노력해 보았으나, 제도 금융권은 물론 우리 사회 어디에서도 신용불량자에 대한 한계를 극복하지 못하여 좌절과 실의에 찬 나날을 보내고 있었음.

- 이처럼 가장의 경제력 상실에 따라 가족의 생계에 위협을 당할 뿐만 아니라, 상기 본인은 남편과의 심한 갈등과 불화 등으로 동거가 어렵게 되었고 급기야 남편은 가정을 포기하고 가출 후 주거부정 상태가 되는 등 단란한 가정의 최소한의 행복도 찾아보기 어렵게 되었음.

- 그나마 이러한 여건 속에서도 다행히 『국민기초생활보장법』에서 정한 '차상위계층' 으로 기초생활수급자 지원은 받고 있었으나, 불안한 생계 및 어려운 경제상황은 조금도 나아지지 않고 계속되었음.

- 상기 본인은 어려운 경제적 환경이 계속 이어지는 현실 속에서 심한 갈등과 고통을 겪으면서도 어떻게 해서든 가정은 살려야 한다는 강한 결심을 하게 되었고 2008.11월부터 인천광역시 남동공단에 위치한 박스 제조업체인 (주)00수출포장에서 단순노무직(파트타임)으로 취업하여 열심히 일을 해 보았으나, 수입은 겨우 월평균 44만 원에 지나지

않았음.

- 최소한의 의식주 해결에도 못 미치는 수입으로 생활의 어려움은 계속되었으며 가정의 미래에 대한 불안감과 회한 및 자괴감에 빠져 사회를 비관적으로 바라보곤 하였으며 그럴 때마다 자녀들의 장래와 가정의 미래를 생각하여 어떻게 해서라도 창업을 통해 고통의 터널을 통과해야겠다는 결단을 하게 되었음.

- 생계형 창업을 위해 제도 금융권은 물론 정부지원 창업지원기관 등을 방문하여 다방면으로 길을 찾아보았으나, 남편의 파산·면책경력으로 인하여 어떠한 지원도 기대할 수 없었고 실망과 한숨만 더하게 되어 우리 사회의 비정한 현실을 다시 한 번 실감하게 되었음.

- 그러던 중 소액서민금융재단(현:미소금융중앙재단)에서 휴면예금을 재원으로 자활의지가 강하고 성공가능성이 있는 생계형 예비 창업자에게 창업을 지원한다는 소식을 언론을 통해 전해 듣고 동사업 위탁기관인 해피월드복지재단에 창업지원 신청을 하게 되었으며, 매우 까다로운 심사과정을 거쳐 지원이 결정되었을 때에는 너무나 감격하여 눈물을 흘렸고 이제 일어설 수 있다는 강한 희망이 생겨나게 되었음.

- 그러나 동 지원금 2,000만 원으로는 사업장을 얻어 창업하기란 쉽지 않아 차라리 포기할까 하는 심정도 있었음. 현실 도피처로 창업을 생각했는데 막상 구체적으로 계획하고 점포인테리어 상품구입 및 초기 운영비 등을 구체적으로 계산해 보니 앞이 캄캄하고 두려움이 엄습해 왔음.

- 힘겹게 자금조달의 기회를 얻었는데 그냥 포기할 수 없어 어떻게 해서라도 점포 인테리어 및 초기 운영자금 조달이 급선무여서 친구와 가족으로부터 최소한의 운영자금을 조달하고 점포 인테리어는 중고

물품을 최대한 재활용하여 본인이 직접 작업을 통해 해결하게 되었음.

- 초기 상품구입도 최대한 재고부담을 줄여 최소한의 운영자금으로 힘겨운 과정을 거쳐 드디어 창업에 이르렀고 이제는 점차 사업이 안정화되어 월 수익이 300만 원~ 400만 원 가량 이루어짐에 따라 가정도 점차 안정될 뿐만 아니라 가출한 남편도 귀가하여 가정의 행복을 되찾게 되었음.

- 지원신청 당시를 돌이켜 보면 고통과 희망이 교차되는 순간순간들이 주마등처럼 지나갔고, 이러한 상황들이 나를 강한 아줌마로 단련시켜 준 고마운 계기가 되었으며 어느덧 3년 가까이 한 번의 연체 없이 정상적으로 상환할 수 있게 되었음.

- 그동안 여러 가지 열악한 사업장 여건에도 불구하고 변함없이 찾아준 단골 아줌마들, 사업경험이 일천함에도 묵묵히 도와준 동료이자 친구인 0 0, 뒤에서 든든한 후원자인 아들과 남편, 이 모든 분들께 감사할 뿐임.

- 상기 본인은 무엇보다도 사업경험도 전혀 없고 사업계획과 사업의지만 믿고 지원해 준 해피월드복지재단에 다시 한 번 감사드리며, 나와 같은 처지에 놓여 절망 가운데 어찌할 바 몰라 방황하는 경제적 취약자들에게 희망의 메시지가 되었으면 하는 바램과 이러한 제도가 우리사회를 건강하게 만들어가는 지속적인 버팀목이 되어 주길 간절히 바라고 있음. 해피! 해피! 화이팅!


□ 사례 3


■ 업 체 명: 00중기 [대표자: 안?0 0(남/당시:49세]

■업　　종: 건설업(건설기계 도급 및 대여)
■주 소 지: 부천시 소사구 괴안동[사업장:(주) 0 0 천안물류센터)]
■지원금액: 2,000만 원(창업자금)
■지원일자: 2009. 6. 17

- 상기 창업자는 부인과 자녀 2명을 두고 있는 한 가정의 가장으로서 한라건설에서 약 10년간 재직하는 등 단란한 가정을 꾸리며 미래의 행복을 키워오고 있었으나 안정적인 직장생활 만으로는 미래의 행복을 크게 키우기 어렵다는 판단에 따라 그동안 그 가정을 든든히 지켜준 직장을 퇴직하게 되었음.

- 그동안 모아 두었던 쌈지돈과 퇴직금 등으로 자금조달계획은 무난히 해결할 수 있었으며 모친의 음식솜씨를 발휘하면 얼마든지 계획한대로 수년 내에 보다 큰 행복을 가져오리라고 확신하며 야심차게 창업계획에 따라 창업을 감행하기에 이르렀음.

- 우선 사업장 입지를 부평역 인근으로 정하고 동 지역에 적합한 뼈다귀 해장국 음식점을 창업하여 초기 1년 정도는 사업이 매우 번성하여 창업하기를 잘했다는 자부심과 함께 만족할 정도의 상황이 이어졌음.

- 그러나 잘 된다는 소문을 듣고 인근에 경쟁점이 하나 둘씩 입점함에 따라 매출이 급감하는 등 전혀 예상치 못한 상황이 도래하였음. 결국 창업한 지 3년을 버티지 못하고 당초 계획한 무지개 빛 미래는 한순간에 날아가 버리고 단란했던 가정마저 위기상황에 직면하게 되었음. 사업실패에 다른 따른 경제적 손실이 가중되어 채무부담이 크게 늘어남에 따라 어쩔 수 없이 파산신청을 하게 되었으며 2005년도에 법원

으로부터 파산면책을 결정을 받기에 이르렀음.

- 그동안 평온했던 가정은 이러한 여파로 급기야 이혼 상태까지 이르러 한동안 별거를 하는 등 행복했던 가정이 한순간에 파탄 지경에 빠지게 되었으며, 아내마저 가정 생계를 위해 불가피하게 사용했던 카드대금과 금융권부채 및 보증채무 등의 과중한 부담을 견디지 못하고 개인회생 신청을 하여 채무조정을 받아 현재 상환 중에 있으며 가정은 생계 위협에 처하게 되었음.

- 상기 본인은 한순간에 취약계층으로 전락하여 생계를 걱정하며 무슨 일이라도 하면서 생계를 책임져야 하는 절박함에 불안한 나날을 보내고 있을 때 옛 직장생활을 하면서 맺어진 직장동료로부터 지게차 지입을 권유 받게 되었음, 동 지게차를 운영할 경우 매월 지입료 450만 원 중 교대인원 인건비 약 160만 원을 제외한 약 290만 원 가량의 순수입을 꼬박 꼬박 얻을 수 있다는 소식을 듣고 꼭 이 기회를 놓치지 말아야겠다는 다짐을 해 보았으나, 막상 지입을 위한 지게차 구입에 따른 소요자금 약 3,500 만원을 마련해야 한다는 사실에 앞이 캄캄할 뿐이었음.

- 동 사업자금을 마련하기 위해 자금융통의 길을 다방면으로 알아보았지만 본인의 파산 및 면책 사실 때문에 금융기관은 물론 창업지원 기관 어디에서도 그 어떠한 지원도 기대할 수 없었으며 실망과 한숨만 더하게 되어 우리 사회의 비정한 현실을 다시 한 번 실감하게 되었음.

- 그러던 중 소액서민금융재단(현, 미소금융중앙재단)에서 휴면예금을 재원으로 자활의지가 강하고 성공가능성이 있는 생계형 예비 창업자에게 창업을 지원한다는 소식을 언론을 통해 전해 듣고 해피월드복지재단에 창업지원 신청을 하여 매우 까다로운 심사과정을 거쳐 지원

이 결정되었을 때에는 새로운 삶의 기회를 얻은 기쁨과 희망으로 가득 찼었음.

　- 나머지 부족자금은 친지로부터 융통하여 창업에 성공하였고 이제는 월수입 300만 원 정도의 안정된 수입으로 지난날 행복했던 가정을 되찾게 되었으며 우리 가정의 행복전도사이기도 한 해피월드복지재단에 다시 한 번 감사하고 있음.

　- 이러한 제도가 꿈과 소망을 잃고 방황하는 본인에겐 생명줄이 되어 주었으며, 우리 사회의 마지막 희망지킴이 임을 생각할 때 사회적 약자인 경제적 취약계층에 보다 많은 관심과 배려가 필요하다고 생각하며 해피월드복지재단과 같은 기관들을 적극 발굴하고 지원하여 우리사회가 보다 따뜻한 사회로 나아갈 수 있도록 다함께 힘을 모아야 한다고 생각함.


## □ 사례 4

■상　호 : 이브자리 000점 양 0 0(당시 : 51세)

■업　종 : 소매업 (이불, 커튼 등)

■위　치 : 용인시 수지구 풍덕천동

■대출금 : 2000만 원(인수창업자금)

■지원일시 : 2009. 6.


　- 상기 창업자는 1980년 결혼 후 슬하에 두 아들을 두고 있으며 자녀들이 성장한 이후에는 사회활동을 하는 것이 경제적, 정신적으로 건

강해 질수 있다는 생각으로 1987년 9월 "화양자수"라는 상호로 창업을 하여 종업원 25명, 자가 공장에 의한 생산은 물론 판매까지 하게 되었고 주로 일본, 미국, 동구권에 이르는 수출 전문기업으로 성장하게 됨에 따라 언론 및 중소기업 관련기관으로부터 주목받는 여성경영인으로 인정을 받은 바 있음.

- 당시 회사는 밀려드는 주문량을 감당하기 위해 양산설비시스템을 갖출 정도로 고성장추세였으나, 1997년 IMF 외환위기를 맞아 어려움을 겪게 되었음.

- 그동안 결제수단이 주로 어음에만 의존해 왔던 여파로 결제 상대방이 부도가 나면 연쇄적으로 부도를 당할 수밖에 없는 상황이었으며, 상기 창업자도 그 당시 약 10억 원 가량의 채권액이 한 순간에 휴지조각이 되어버리는 참담함을 속수무책으로 당하였고 어떻게 해서라도 회사를 살려 보려고 애를 써보았으나, 견디질 못해 2002년 12월 어쩔 수 없이 폐업을 하게 되었음.

- 이러한 상황에 따라 평온했던 가정도 한순간에 아수라장이 되었고 그동안  조금씩 불어났던 재산도 모두 물거품이 되어 버렸으며, 부가세 체납과 신용상태 불량자로 전락하게 되었음. 남편도 이러한 여파로 그동안 해오던 일을 모두 중단해야만 했고 생계유지를 위해 무언가 다시 시작하지 않으면 안 될 절박한 상황에 봉착하게 되었음.

- 그러나 새로운 일을 시작해보려고 해도 최소한의 종자돈이 있어야 하는데 가족의 기본적인 생계유지는 물론, 한창 자녀들의 교육비 등 기본적인 뒷바라지에 매달리다 보니 종자돈은 형성은 거의 불가능한 상황이었음.

- 그래도 과거 사업경력을 살려 어떻게 해서라도 재기의 발판을 마

련하고자 친인척에게 하소연도 해 보았으나, 친척간 거리감과 서로 기
피하는 상황만 초래하였고, 제도 금융권에도 끊임없이 노크를 해 보았
지만 우리 사회 어디에서도 신용 불량자에 대한 한계를 극복하지 못한
채 좌절과 실의에 찬 나날이 이어지고 있었음.

- 상기 창업자는 어려운 경제적 고통이 계속 이어지는 상황에서 어
떻게 해서라도 가정은 살려야 한다는 의지력을 가지고 2002년 12월부
터 약 4년간 수지 인근지역에서 이불 노점상을 운영하여 가족의 생계
를 어렵게 유지해 오던 중, 이마저 노점상 단속이 강화되어 중단할 수
밖에 없었음.

- 그러던 중 2006년부터 현재 인수한 창업점포에서 판매원으로 일
할 수 있는 기회를 얻어 월평균 160만 원의 수입으로 2009년 3월까지
근무하였음.

- 상기 창업자는 과거 운영했던 사업경험과 그동안 본인이 체험한
경험들을 살려 그동안 힘들고 어두웠던 과거를 떨쳐버리고 어떻게 해
서라도 창업을 통해 스스로 일어서야 하겠다는 강한 결심을 하게 되었
음.

- 생계형 창업을 위해 제도 금융권은 물론 정부지원 창업지원기관
등을 방문하여 다방면으로 길을 찾아보았으나, 부가세체납 사실과 신
용상태 불량 기록으로 인하여 현실적으로 여전히 어떠한 지원도 기대
할 수 없었음.

- 마침 소액서민금융재단에서 휴면예금을 재원으로 자활의지가 강
하고 성공가능성이 있는 생계형 예비 창업자에게 창업을 지원한다는
소식을 듣고 해피월드복지재단에 노크하여 창업지원 신청을 하게 되
었고, 까다로운 심사과정을 거쳐 지원이 결정되었을 때에는 너무나 감

격하여 눈물을 흘렸으며 이제 일어설 수 있다는 강한 희망이 생겨나게 되었음.

- 창업자는 대학에서는 섬유공학을 전공하였고 1987년부터 자수업을 창업하여 괄목할 만한 성장을 이루었고 대학원 경영자과정을 통해 경영자로서의 갖춰야 할 자질과 사업마인드를 보완하였으며 사업실패 후 노점상 운영 경험, 이불 판매원 경험 등 다양한 경험으로 아이템에 대한 식견 및 고객의 특성 등 창업자로서의 사업능력을 충분히 갖추고 있었음.

- 또한 인수점포는 용인시 수지구청 뒤편에 소재하며 인근지역은 아파트 밀집지역으로 유동인구가 풍부할 뿐만 아니라, 가맹점(이브자리)에 따른 브랜드 인지도가 높고 본인이 2009년 3월까지 현사업장에서 판매원으로 종사했던 관계로 인하여 고객관리가 한층 용이한 점 및 조기에 영업활성화가 기대되는 등 제반 사업조건을 두루 갖추고 있었음.

- 제반여건이 어려운 상황에서 창업을 준비하느라 실내 인테리어 및 초기 상품구입자금 등에 여유가 있을 리 없어 어떻게 하든지 초기비용을 최소화 할까 고민하던 끝에 전 소유자와의 유리한 인수조건과 대금결제 조건 등을 충분히 절충하여 무사히 인수창업을 하게 되었음.

□ 사례 5

■ 업체명: 케이엠메디컬 정00(여/당시 :39세)/허00 (남/당시 :39세]
■ 업  종: 제조업(목발)
■ 주소지: 고양시 덕양구 성사동

■ 지원금액: 2,000만 원(경영개선자금)

■ 지원일자: 2010. 5. 28.

- 상기 사업 대표자는 애니메이션 분야에서 약 7년간, 음식업 분야에서 약 8년간의 경력을 보유하고 있으며 IMF 외환위기 이전에는 어느 정도 사업이 순탄하였으나, IMF 위기당시 급격한 사업부진으로 실패의 수렁으로 빠질 수밖에 없었고 그 결과 그동안 어렵게 모았던 자산도 한순간에 날리게 되어 부부 모두가 신용불량 직전 상태까지 이르렀음.

- 그동안 평온했던 가정은 점점 불화가 잦았으나 부인은 어떻게 해서라도 어려움을 극복하기 위해 온갖 궂은 부업을 마다하지 않고 쫓아다녔고, 남편 또한 타인이 운영하는 인테리어 일을 도우면서 근근히 생계를 꾸려오게 되었음.

- 상기 부부는 한순간에 취약계층으로 전락하여 어떤 일을 해서라도 생계를 책임져야 하는 절박함에 불안한 나날을 보내고 있던 차, 2008년 6월경 의료용품 제조업을 운영하던 친정 언니가 목발제조업을 해 보라는 권유가 있어 전혀 생소한 분야이지만 절박한 상황에서 자의 반 타의반으로 입문하게 되었음.

- 상기 부부는 새로운 창업의 길에 힘겹게 들어섰으나, 초기에는 시행착오의 연속이었고 거래처로부터 불리한 계약조건들을 어쩔 수 없이 수용할 수밖에 없었으며 또한, 자체 금형을 갖추지 못해 동종업체로부터 물건을 하청받아 조립하는 수준으로 항상 원활하지 못한 물품조달과 적정물량 확보가 여의치 못해 온갖 어려움을 겪어야만 했음.

- 그나마 거래관계가 유지되었던 납품업체의 금형상태가 노후화하여 원하는 제품은 커녕 품질 결함만이라도 없기를 바랄 수밖에 없는 상

황으로 이를 탈피해 보고자 금형제작비 마련을 위해 제도권 금융기관 등 다방면으로 알아보았으나, 신용도가 낮아 금융기관은 물론 창업지원기관 어디에서도 지원을 기대할 수 없게 되어 실망과 한숨만 더하게 되었으며 우리 사회의 비정한 현실을 또 한 번 실감하게 되었음.

- 마침 미소금융중앙재단에서 휴면예금을 재원으로 자활의지가 강하고 성공가능성이 높은 기존 사업자에게 경영개선자금을 지원한다는 소식을 고양시 중소기업지원과로부터 전해 듣고 해피월드복지재단에 노크하여 상담을 받아 동 지원 자금을 신청하게 되었고, 매우 까다로운 심사과정을 거쳐 지원이 결정되었을 때에는 새로운 희망과 용기를 얻게 되었음.

- 해피월드의 자금지원은 메마른 땅에 단비를 적시듯 자체 금형제작을 위한 운영자금에 투입하게 되어 신제품 생산 및 원활한 상품공급으로 당시 약 30여 개 거래처가 현재 약 50개로 느는 등 안정적인 납품에 따른 매출액 증대로 월매출액 약 3,000만 원을 실현하고 있어 머지않아 자가공장 마련의 꿈을 꾸게 되었음.

- 저희와 같은 소상공인이 온 힘을 다해 사업을 성공해 보려고 해도 담보력이 부족하고 신용도가 낮다는 이유로 어디에서도 금융지원을 받을 수 없는 현실 가운데 해피월드복지재단과 같은 기관은 우리 사회를 밝히는 등불이라고 확신하며 앞으로도 지속적이고 적극적인 지원이 이루어지길 기대하고 있음.

B. 교회후원자금(거룩한빛광성교회)

(단위 : 만원)

| 구분 | 2007년 | 2008년 | 2009년 | 계 |
|---|---|---|---|---|
| 지원업체수 | 7 | 9 | 5 | 21 |
| 지원금액 | 5,400 | 6,900 | 3,600 | 15,900 |

※지원 대상자 요건 등 제반 지원조건은 〈휴면예금기금〉대출 조건에 준하되 지원내용은 300만 원~1,000만 원 범위 내에서 무이자/무보증 신용대출로 함.


## ② 서울시 전통재래시장 영세상인 창업자금 지원 사례

A. 지원대상자 조건
서울시 소재 전통시장 상인으로 서울시가 추천한 자


B. 지원내용
■대출한도 : 3000만 원 이내
■적용이자율 : 년 4.0%
■기타 사항: 2-1 마이크로 크레디트 창업자금 지원 조건과 동일함.


C. 지원 프로세스
■서울시가 추천한 전통시장 상인을 대상으로 연이율 4.0%로 지원하되 나머지 사항은 2-1의 〈휴면예금기금〉의 조건과 동일함.


D. 선정심사의 주요 체크 포인트
■2-1의 〈휴면예금기금〉 마이크로 크레디트 창업자금지원 조건과

동일함.

## E. 지원 실적

| 순번 | 지 원 업 체 명 | 대표자 | 대출금액<br>(단위·만원) | 대출일자 | 비고 |
|---|---|---|---|---|---|
| 1 | (올본)신원시장점 | 유 0 0 | 3,000 | 2010. 9.10 | |
| 2 | (올본)둔촌시장점 | 박 0 0 | 3,000 | 2010. 9.10 | |
| 3 | (올본)공릉동도깨비시장점 | 김 0 0 | 3,000 | 2010. 9.16 | |
| 4 | (올본)중곡제일시장점 | 김 0 0 | 3,000 | 2010. 9.16 | |
| 5 | (농협안심축산)신원시장점 | 홍 0 0 | 3,000 | 2010.10.11 | |
| 6 | (올본)신영시장점 | 김 0 0 | 3,000 | 2010.10.11 | |
| 7 | (올본)목3동시장점 | 장 0 0 | 3,000 | 2010.10.27 | |
| 8 | (올본)목4동시장점 | 조 0 0 | 3,000 | 2010.11.17 | |
| 9 | (농협안심축산)암사시장점 | 박 0 0 | 3,000 | 2011. 5. 4 | |
| 10 | (농협안심축산)마천시장점 | 노 0 0 | 3,000 | 2011. 4.29 | |
| 11 | (농협안심축산)중곡 제일시장점 | 이 0 0 | 3,000 | 2011. 6.14 | |
| 12 | (농협안심축산)방이시장점 | 정 0 0 | 3,000 | 2011. 6.14 | |
| 총 계 | | | 36,000 | | |

〈서울시 전통재래시장 지원업체〉

## ③ 위기가정 긴급지원 사례(해피천사운동본부)

## A. 사업의 목적

고양시 및 파주시에 거주하는 우리의 이웃 중에서 불의의 사고, 생계위기에 처한 사람, 병원비가 없어 치료를 받지 못하는 사람, 주거할

곳이 없어 주거가 부정한 사람, 등록금이 없어 학업을 포기한 학생 등
우리 사회의 어두운 그늘에 처해 절망 가운데 살아가는 이들에게 희망
과 용기를 심어 주고 더불어 함께 살아가는 건강하고 행복한 세상을 만
들어 가는 데에 있음.


   B. 주요 사업 내용
■제도권 복지혜택으로부터 제외된 차상위 취약계층에 대한 지원
■불의의 사고로 재난을 당한 사람에 대한 지원
■가정의 몰락(사업부도, 이혼, 가정 파탄 등)으로 긴급 위기상황에
   처한 가정에 대한 지원
■소년소녀 가장, 무의탁 노인, 난치병 어린이 가정에 대한 지원
■기타 유형의 위기상황에 처한 취약계층에 대한 지원 등


   C. 지원 내용
■사안별 일시불 지급식 무상지원
■사안별 월분할 지급식 무상지원
■사안별 무상지원 + 상환조건부 무이자 대출
■자립자활을 위한 긴급운영자금 대출 등


   D. 지원 프로세스
(1단계) 제보 접수
(2단계) 전화 상담
(3단계) 현장 실사
(4단계) 해피천사운영위원회 회부 및 심사

(5단계) 지원자 결정

(6단계) 자금 집행(무상지급/상환조건부 대출)

(7단계) 사후 관리 진행


E. 재원 조달(20011년 기준)

| 구분 | 후원자수 | 후원금액 | 비고 |
|---|---|---|---|
| 정기후원금<br>(거룩한빛광성교회<br>성도) | 871명 | 월908만원<br>/년10,896만원 | 1인당 후원금<br>평균<br>월10,424원 |

※상기내용은 평균개념이므로 구체적 수치는 다소 차이가 있을 수 있음.


F. 지원 실적

□ 종합 지원 현황

| 구분 | 2007~2008년 | 2009년 | 2010년 | 2011년 | 계 |
|---|---|---|---|---|---|
| 지원가정(건) | 16 | 21 | 25 | 27 | 89 |
| 지원금액<br>(만 원) | 12,300 | 4,479 | 8,267 | 6,880 | 31,926 |

□ 지원 사유별 현황

◎ 2010년도 지원현황 (지원가정수/단위: 만원)

| 구분 | 거주지<br>보증금 | 긴급<br>생계비 | 긴급<br>병원비 | 주거<br>월세 | 긴급<br>사업비 | 기타 | 계 |
|---|---|---|---|---|---|---|---|
| 무상지원 | – | 3/1,010 | 8/1,322 | 1/75 | – | 1/260 | 13/2,667 |
| 상환조건<br>부 지원 | 9/4,100 | 1/200 | 1/300 | – | 1/1,000 | – | 12/5,600 |
| 계 | 9/4,100 | 4/1,210 | 9/1,622 | 1/75 | 1/1,000 | 1/260 | 26/8,267 |

◎ 2011년도 지원현황 (지원가정수/단위: 만원)

| 구분 | 거주지<br>보증금 | 긴급<br>생계비 | 긴급<br>병원비 | 주거<br>월세 | 긴급<br>사업비 | 기타 | 계 |
|---|---|---|---|---|---|---|---|
| 무상지원 | – | 8/910 | 6/820 | – | – | 3/750 | 17/2,480 |
| 상환조건<br>부 지원 | 4/1,800 | 3/900 | – | – | 2/1,200 | 1/500 | 10/4,400 |
| 계 | 4/1,800 | 11/1,810 | 6/820 | – | 2/1,200 | 4/1,250 | 27/6,880 |

G. 사례 소개

□ 사례 1

김OO(여/53세):항암치료보조비 매월15만 원씩 8개월간(총 120만 원) 지원

■거주지: 고양시 일산서구 주엽동 소재 아파트(전세보증금:3,000만 원)
■가족사항: 본인,자(딸/24세,16세)
■생활여건: 2010년도까지는 기초수급자 지원을 받아 왔으나, 큰딸이 대학을 졸업하게 되자 동 지원도 축소되어 의료비 혜택만 받고 있으며, 딸의 대학조교 수입 약 100만 원 가량에 의존하고 있었음.

■지원여건 및 상황:
- 본인은 현재 딸(24세,16세) 2명과 함께 살고 있으나, 수년 전에는 남편,본인,자녀 둘과 단란한 가정으로 여느 가정과 같이 행복을 누리며 살아오고 있었음. 본인은 평소 '전신성 류마치스' 라는 지병을 앓고 있었으나, 생활에는 큰 지장이 없이 지내오고 있었음
- 2008년경 갑자기 유방암, 폐암, 간암, 임파선암 등 9곳으로 전이됨에 따라 온가족에게 큰 충격이 아닐 수 없었으며 한편, 남편의 사업실패로 가정에 먹구름이 드리웠고 단란했던 가정은 한순간에 벼랑 끝으로 내 몰리는 위기를 맞게 되었음.
- 그러던 중 남편은 사업실패에 대한 두려움과 실의에 빠져 삶에 대

한 의욕을 상실했을 뿐만 아니라, 부인의 암전이 등의 지병 악화로 미래에 대한 회의와 좌절을 극복하지 못하고 급기야는 거주지에서 자살로 사망에 이르게 되었음.

- 이러한 가슴 아픈 현실이 자녀들에겐 크나큰 상처이자 쉽게 극복하기 어려운 부분으로 아직도 정신적 고통을 겪고 있을 뿐만 아니라, 설상가상으로 모친까지 병마에 시달리는 현실이 자녀들에게 안타까움을 주고 있었음.

- 본인은 자신의 건강이 악화되고 치료비 부담 등으로 더 이상의 치료는 엄두를 낼 수도 없으며, 한 가지 간절한 소망으로 큰 고통 없이 하루하루 연명해 갈 수 있기만을 기도하며 살아가고 있다는 안타까운 현실을 감안하여 항암치료 보조비 명목으로 2011년 4월~12월말까지 매월 15만 원씩 지원하기로 하였음.

## □ 사례 2

**이○○(여/49세): 긴급생계비 매월 15만 원씩 10개월간(총 150만 원) 지원**

- **거주지:** 고양시 일산서구 덕이동 소재 단독주택(남편 소유)
- **가족사항:** 본인, 남편, 자(딸/10세,9세), 모친, 시동생 2명
- **생활여건:** 신청인의 가정은 남편이 자영업을 영위하면서 20년간 거동이 불편한 모친을 모시고 살고 있으며 시동생 2명도 함께 기거 중인데 남편의 뜻하지 않은 사고로 2010년 9월경 00구치소에 수감됨에 (2011년 7월경 출소예정) 따라 생활이 막막한 상황인 반면, 생계를 위

해 신청인 자신이 일정한 수입을 찾기란 건강상의 애로에 따라 매우 힘든 상황임.

■ 지원여건 및 상황:

- 신청인은 현재 2년 전 수술한 자궁암이 재발하여 치료가 필요하고 갑작스런 가장의 공백에 따른 정신적 공황상태로 스스로 수입을 얻기 힘든 건강상태이며, 당장 초등생 자녀들의 학교생활에 기본적으로 수반되는 최소 학용품 및 간식비 등도 조달이 어려운 형편임에도 함께 기거 중인 시동생들은 저마다 나몰라라 하는 상황으로 남편 공백에 따른 생계유지가 몹시 힘든 형편임.

- 신청인은 자신의 건강상태가 여의치 않고 가족들의 최소 생계에 대한 책임 회피 등에 따른 심한 분노의 감정 상태였을 뿐만 아니라, 삶에 대한 비관적인 태도 등으로 심한 우울증까지 겹치는 심각한 상태에 이르게 됨.

- 신청인의 형편은 이러한 갑작스런 생계위기에 처했더라도 가구 재산이 있다는 사유로 정부로부터 기초수급자 지원은 물론, 각종 지원 대상에서 제외될 뿐만 아니라, 가족 친지들로부터 어떤 지원도 기대하기 어려운 복지의 사각지대에 놓인 절박한 상황을 감안하여 최소생계 보조비 명목으로 2011년 4월부터 남편이 출소 예정인 2012년 1월말까지 지원하게 되었음.

□ 사례 3

김○○(남/28세): 긴급생계비 매월 10만 원씩 3개월간(총 30만 원) 지원

■ 거주지: 서울시 동대문구 이문동 소재 고시원

■ 가족사항: 고아원에서 성장하여 가족은 없음.

■ 생활여건: 신청인은 고아원에서 성장하여 가족이 없으며, 현재 기초생활수급자 지원에 의한 40만 원 수입으로 고시원에서 기거 중임

■ 지원여건 및 상황:

– 신청인은 고아원에서 성장하여 가족이 없으며, 현재 고시원에서 기거 중으로 2007년경 『후천성면역결핍증(에이즈)』 환자로 판정받아 삶의 의욕을 상실하는 등 힘겨운 젊은 시절의 나날을 보내고 있음.

– 한편, 기본적인 의식주 해결을 위해 매우 극단적인 수단으로 교도소 수감을 선택할 정도로 피폐된 삶을 영위하는 등 약 1년 6개월간 교도소 수감생활을 경험한 사실도 있음.

– 현재는 간단한 아르바이트(전단지 배포 등)를 하면서 얻은 수입과 기초생활 수급자 지원금 40만 원으로 고시원에서 기거 중이나, 삶에 대한 의욕이 강하고 하나님을 의지하는 신앙심 등을 감안하여 생계보조비 명목으로 2011년 6월부터 ~ 8월까지 지원하게 되었음.

□ 사례 4

**권OO(남/45세): 퇴원을 위한 긴급병원비 90만 원 지원**

■ 거주지: 고양시 덕양구 주교동 소재 주택 (보증금 250만 원/월세 13만 원)

■ 가족사항: 본인(45세), 모친(75세), 누나(49세)

■생활여건: 신청인은 현재 기초생활수급자 지원에 의한 수입으로 생활하고 있으며 모친과 누나가 장애와 병환 중에 있어 본인이 가족들의 간호 때문에 경제활동을 할 수 없는 상황임.

■지원여건 및 상황:

- 신청인은 장애와 병환 중에 있는 모친(75세)과 함께 누나(49세)가 병환 중에 있어 가족이 모두 정상적인 경제활동을 할 수 없는 안타까운 상황임.

- 모친의 반복적인 입원으로 병원비 부담이 가중되어 그동안 일정 부분은 외부 자선기관 및 '사랑의 공동모금회' 등으로부터 지원을 받은 바 있으나, 계속 반복되는 지원을 받기는 현실적으로 쉽지 않아 저희 재단에 추가지원을 요청하게 되었음.

- 신청인의 모친이 입원한 00 병원에서는 수개월 전에도 동 병원에 입원했다가 병원비 지불을 못해 현재도 연체상태이며, 금번에 또다시 병원비 지불이 불가능하여 매우 난감한 상황으로 병원에서도 애로사항을 호소하고 있는 실정임.

- 이러한 안타까운 상황을 감안하여 퇴원을 위한 소요 병원비 중 50%에 해당 금액을 당 재단에서 지원하고 나머지 부족분은 여타 지원기관으로부터 지원받아 무사히 퇴원할 수 있었는 바, 힘들고 지친 사람들에게 희망과 용기를 주는 마지막 구제 수단으로서의 사명과 역할을 감당하고 있음.


### ④ 무한돌봄 사업 지원 사례

### A. 사례 소개(1건)

□ 지원자 여건 및 가구상황

■성명 : 김 ○ ○ (남 53세)

■가족사항 : 처(55세), 자(남: 18세)

■지원일자 : 제1차(2010. 10월), 제2차(2010. 12월)

■지원금액 : 무상지원 260만 원(파산신청 법무비), 대출지원 400만 원(거주지 보증금), '사랑의 공동모금회'와 연계한 생계비 300만 원(파주노인복지관 무한돌봄센터) 지원

□지원동기 및 배경

■취약계층 원인 및 사유

- 상기 지원자는 대학에서 기계과를 졸업하고 1993년도부터 약 10년 동안 대우그룹에서 근무하였으며, 가족으로서 처와 아들 하나를 두고 단란한 가정을 꾸려 오면서 파주 운정지역에 단독주택을 소유하는 등 한때는 남부럽지 않은 중산층 생활을 해 왔었음.

- 평탄한 직장생활을 하면서 한순간 잘못된 판단에 따라 약 1년간 증권투자 결과 과다한 부채만 남게 되자 정상적인 직장생활이 어렵게 되어 어쩔 수 없이 직장을 퇴직하게 되었음.

- 직장 퇴직 후 이러한 어려움을 만회하고자 일산지역에서 약 2년간 중고 자동차 딜러사업을 시작하였는데 사업의 노하우 및 경험부족, 운영자금 부족 등에 따른 악성 자금 동원으로 무리한 사업추진 결과, 거듭 실패만 계속되었고 결국 상환 불가능한 규모의 부채(부부 합산 약 3억 원 가량)만 남게 되었음.

■ 가정환경 및 생활여건

- 이후 지원자는 채권자들이 가정은 물론 자녀가 다니는 초등학교까지 수시로 찾아오는 등 빚 독촉에 시달려 정상적인 가정생활을 영위하기가 어렵게 되자 일정한 거주지를 포기하고 사우나 찜질방, 공원, 병원, 교회 등을 전전하면서 약 2~3년간을 하루하루 힘겹게 살아 왔음.

- 지원자는 상황이 이렇게 되자 안정적인 일터를 찾기란 불가능한 상황으로 하루하루 막노동과 허드렛일을 하면서 사우나, 찜질방 비용과 식비 조달에도 힘겨운 참담한 생활이 지속되었음.

- 그러다가 지원자는 막노동을 다니면서 본인의 기술을 인정받아 마침내 금고 제작업체에서 장기적으로 일할 수 있는 기회를 얻었으나, 복잡한 채무관계 때문에 급여압류 등으로 본인 명의에 의한 정상적인 급여 수령이 불가능한 상황이었음.

- 이처럼 힘겹게 얻은 안정적인 일자리마저도 포기해야 할 안타까운 상황이었으나 다행히 근무회사의 배려로 처남 명의에 의한 임금을 받을 수 있도록 해 주었음.

- 약 150만 원가량의 월수입으로 가족의 사우나 비용 및 식대 등 충당이 버거워 부족한 생계비를 줄여 보고자 가끔은 공원, 교회, 병원 등 공공시설의 신세를 지면서 남몰래 눈물을 흘린 적이 한두 번이 아니었음.

- 이러한 상황에서 엎친데 덥친 격으로 처는 부인병 때문에 병원을 지속적으로 다녀야 하는 등 그야말로 참담한 현실이 끊이지 않고 이어져 왔음.

- 한편, 꿈 많은 외아들은 부모의 이러한 상황으로 말미암아 의무

교육인 초등학교조차도 제대로 마치지 못하고 졸지에 3학년쯤 다니다 중도에 포기하게 되었고, 다행히 심성이 착하고 긍정적인 성품에 따라 틈틈이 인근 독서실에서 공부하여 현재는 검정고시를 통해 고등학교 과정을 마친 상태임.


　■ 지원경로 및 배경

　- 해피천사운동본부에서는 이런 안타까운 상황에 처한 힘들고 어려운 이웃들을 발굴 또는 제보 받아 지원하는 사업목적 및 취지에 따라 교구담당 목사님의 세심한 관심과 배려로 당 본부에 제보되어 지원하게 되었음.

　- 막상 동 제보를 받고 지원대상자와 상담할 당시에는 약 5~6년간 거주가 불안정한 생활을 해 옴에 따라 심리적으로 몹시 위축되어 있었고, 먼저 부채해결을 위한 파산 및 면책제도에 대하여 자세한 안내와 설명에도 불구하고 해결 가능성에 대하여 신뢰하지 못할 뿐만 아니라, 반신반의 또는 포기 상태였음.

　- 운영위원회 심의결과 일시적인 생계비지원만으로는 근본적인 해결이 힘들겠다는 판단에 따라, 먼저 파산 및 면책제도를 활용하여 부채문제를 해결함과 동시에 거주안정을 위한 지원이 이루어져야 한다는 차원에서 제1차로 부부 파산 및 면책신청을 위한 법무 비용 260만 원을 지원하게 되었음.

　- 부부 파산 및 면책요건에 맞추어 신청절차를 진행하면서 이어서 거주 안정을 위한 최소 보증금을 지원하기로 하였는데 여러 가지 사정이 여의치 못해 파주노인복지관 무한돌봄센터와 연계하여' 사랑의 공동모금회 지원자금' 중 생계비 지원 명목으로 300만 원을 연계하여 지

원함으로써 토탈 지원의 모범적인 사례가 되었음.


■ 지원효과

- 동 지원으로 임대보증금 500만 원/월세 45만 원의 거주지 마련을 통해 유랑생활에서 안정적인 주거안정을 되찾게 되었음.

- 약 10년간 시달려 온 부채에 대한 중압감으로부터 완전 탈피함에 따라 새로운 삶에 대한 의욕과 용기, 그리고 희망을 갖도록 하여 인생의 전환점을 마련하게 되었음.

- 지원자 본인은 물론 가족들의 삶에 대한 자신감을 회복함은 물론, 자활 자립 의지 고취를 통해 피폐된 한 가정이 정상적인 생활로 복귀하도록 하였음.

- 만약 방치되었더라면 한 가족이 노숙자로 전락할 수밖에 없었고 이는 결과적으로 국가의 사회비용을 증가시키는 결과로 이어지게 마련인데, 취약계층으로 전락한 한 가정을 정상적인 상태로 복원함으로써 교회 및 복지기관으로서의 역할과 사명을 충실히 감당함은 물론, 우리 사회를 보다 따뜻한 사회로 만들어 가는 데 일익을 담당하게 되었음.


B. 무한돌봄네트워크팀 위탁협약 체결


해피월드복지재단은 경기도 파주시 무한돌봄희망센터과 무한돌봄네트워크팀 위탁계약을 체결하였으며 파주시노인복지관과 문산사회복지관이 운영하게 되었음.

무한돌봄네트워크팀에는 팀장을 포함하여 사회복지기관에서 다양한 경력을 쌓은 사례관리 전문가가 배치되어 파주시의 생계, 의료, 주거, 교육, 고용 등 복합적인 문제를 가지고 있는 위기가정에 대해 체계적이고 효율적인 서비스를 제공하게 됨.

### ⑤ 취약계층 자녀 장학금 지원 사례

A. 사업 목적

지역사회와 함께하는 거룩한빛광성교회의 비전에 따라 학업에 대한 욕구를 가지고 있으나 경제적 사정으로 학업 정진이 어려운 취약계층의 고등학생들에게 교육비의 일부를 지원하여 계속적으로 학업을 유지할 수 있도록 하고, 동시에 학생의 가정에 교육비부담을 해소시켜줌으로써 가정경제의 안정을 도모한다.

또한 훌륭한 인재를 발굴 양성함으로써 이들이 꿈과 열정을 가지고 미래를 개척하여 국가와 사회를 위해 크게 공헌할 수 있도록 하는 데에 그 목적이 있다.

B. 재원 규모 및 조달

거룩한 빛 광성교회 후원금 : 3000만 원
해피월드복지재단 개인 후원금 : 2000만 원
··········································································································
총 5,000만 원

장학금 지원사업은 1년 단위 사업이 아닌 지속사업으로서 향후 안정적인 장학금지원을 위해 기금을 조성하기로 한다.

C. 선정대상 및 방식

■대상 : 신청일 현재 고양시, 파주시에 주소지를 둔 취약계층 가정의 고등학생
■선정방식 : 고양시청, 파주시청, 고양교육지원청에 대상자 선정의뢰

D. 장학금 지원 자격

■한 부모 가정, 조손가정, 소년소녀가장 등 기초 수급자 가정 및 차상위 계층, 저소득가정, 긴급위기가정 등 취약계층의 자녀로서 지자체장의 추천을 받은 자
■타 장학금 수령 대상자가 아닌 자
■교칙위반 등의 사유로 징계 받지 않은 자

E. 장학금 지원 실적

| 구분 | 대상인원 | 지원금액 | 비 고 |
| --- | --- | --- | --- |
| 고양시 | 20명 | 2000만원 | 고등학생 1인당 100만원 |
| 고양교육지원청 | 10명 | 1000만원 | |
| 파주시 | 20명 | 2000만원 | |
| 계 | 50명 | 5000만원 | |

F. 멘토링(상담지원사업) 제도 시행


■5명에서 10명 단위로 그룹화 하여 멘토 연계

■멘토는 해피월드복지재단 운영자문위원으로 구성

■멘토들이 상담을 통하여 격려하며 학교생활과 진로고민에 대한
해결 지원

■장학금 지원 외 기타 사회정보 제공 등


G. 해피월드장학생 자치회 운영


□ 목적

해피월드장학생으로서 본 법인에서 지원하는 장학생이라는 소속감
을 부여하고 서로 다른 개성을 가진 장학생 동료를 만나 서로의 꿈과
비전을 달성할 수 있도록 공유하며 정서적인 지원을 통해 국가와 사회
를 위해 크게 공헌할 수 있도록 지원하는 데 그 목적이 있음.


□ 사업내용

○ 2012년 해피월드장학생 신규 오리엔테이션

　- 신규 해피월드장학생 수여식 진행 전 오리엔테이션 실시

　- 본 법인 사업과 관련된 안내 및 장학사업 운영관련 소개

　- 해피월드회(가칭) 구성, 활동과 관련된 논의 진행

○ 해피월드장학생 자치회 구성

　- 해피월드장학회(가칭)를 구성하여 해피월드장학생 모임을 구
　　성. 임원(기수별 회장, 부회장, 총무)을 선발하여 자치회 대표

로 활동

- 자치회를 통해 정기적인 자치모임을 지원하며, 서로의 생각과 가
치를 공유하여 생동감 있는 자치회로 운영될 수 있도록 지원함

- 1년간 활동에 대한 평가회 진행하여 추후 자치회 발전과 관련
된 아이디어 접수

○ 이웃사랑 실천사업

- 본 법인 산하 복지시설에서 진행하고 있는 사업 내용 중 자원
봉사활동과 연계활동 지원

○ 장학생 사후관리 D/B 구축

- 해피월드장학생 D/B화하여 졸업 이후 사회에서 활동영역 확
인

- 장학생관련 주요 자료의 정보화

- 해피월드장학생 D/B 관리를 통해 효율적인 장학생 관리 및 고
교 졸업 후 사후관리 내실화 기여


□ 기대효과

- 거룩한빛광성교회와 해피월드복지재단이 지역사회와 함께함
으로 교회정신구현 및 선한 영향력 전파와 이미지 제고에 기여

- 경제적 어려움을 겪고 있는 저소득가정에 경제적 부담 해소

- 경제적 부담에서 벗어나 학생 본분의 학업에 정진할 수 있는
기회 부여

- 지역사회의 따스한 온정을 느낄 수 있는 계기 마련

- 해피월드장학사업을 통해 건전한 가치관을 형성하고 발전시켜
국가와 사회에 이바지할 수 있는 인재로 발전하는 계기 마련

- 장학사업의 효과성을 홍보하여 보다 많은 후원자의 참여기회 제공(사회통합에 기여)

- 향후 본 법인 및 산하시설 사업에 대한 지지층으로 확대 발전

## ⑥ 사회적 기업 창업 지원 사례(12건)

| 구분 | NO | 창업팀 | 업종 | 구성원수<br>(평균연령) | 대표자<br>(주소지) | 비고 |
|---|---|---|---|---|---|---|
| 파주지역 | 1 | 영상기록창 | 문화예술 | 4(31.0) | 홍00(서울강북구) | |
| | 2 | SE컨설팅팀 | SE for SE | 6(37.7) | 이00(경기용인) | |
| | 3 | 장애인보장구유지 보수업(장보고수) | 사회복지 | 5(41.6) | 김00(경기파주) | |
| | 4 | 동가동 | 지역개발 | 5(37.4) | 장00(경기파주) | |
| | 5 | DMZ임진강생태 평화학교 | 교육/환경 등 | 5(35.4) | 이00(경기파주) | |
| | 6 | Cross M | 문화예술 | 5(34.0) | 이00(경기고양) | |
| 성남지역 | 7 | Grouple | 교육/정보통신 | 1(30.0) | 김00(경기성남) | |
| | 8 | Edu Action 21 | 교육 | 6(38.0) | 이00(경기고양) | |
| | 9 | T.O.P | 문화예술 | 6(33.1) | 황00(인천서구) | |
| | 10 | Smart Core | 문화예술 | 5(34.6) | 유00(경기수원) | |
| | 11 | 소셜품앗이 | SE for SE | 6(34.3) | 이00(경기성남) | |
| | 12 | 소래기 챔버 오케스트라 | 문화예술 | 9(21.0) | 문00(서울송파구) | |

※본 사업은 경원대학교와 중앙대학교가 공동으로 주관한 청년 중심의 사회적 기업 창업을 지원하기 위해 해피월드복지재단에서 운영위원으로 참여하여 심사활동을 전개함과 동시에 지속적으로 사후관리를 진행하고 있는 내용임.

⑦ 과다채무자에 대한 채무조정 지원 사례

| 구 분 | 상담<br>건수 | 주요 내용 | | | | | 비 고 |
|---|---|---|---|---|---|---|---|
| | | 파산<br>/면책 | 개인<br>회생 | 신용회복 | 전환대출 | 기 타 | |
| 2009년도 | 22 | 3 | 5 | 1 | 5 | 8 | |
| 2010년도 | 35 | 5 | 10 | 4 | 8 | 8 | |
| 2011년도 | 26 | 2 | 8 | 3 | 6 | 7 | |
| 계 | 83 | 10 | 23 | 8 | 19 | 23 | |

※ 신용회복위원회 등과 연계하여 부채감면 등의 제도적 지원


⑧ 일자리 알선 취업 지원 사례

| 구 분 | 취 업<br>건 수 | 주요 내용 | | | | | 비<br>고 |
|---|---|---|---|---|---|---|---|
| | | 정규직 | 일용직 | 파트타임 | 교육훈련 | 기 타 | |
| 2009년도 | 12 | 1 | 5 | 3 | - | 3 | |
| 2010년도 | 15 | 2 | 6 | 4 | 1 | 2 | |
| 2011년도 | 20 | 3 | 8 | 6 | - | 3 | |
| 계 | 47 | 6 | 19 | 13 | 1 | 8 | |

※ 거룩한빛광성교회(약 15,000여 명 성도)의 구직희망자와 창업업체/기존업체의 구인정보를 연계하여 지원

⑨ 무료 창업 및 경영 컨설팅 지원 사례

| 구 분 | 업체수 | 컨 설 팅 주 요 업 종 | | | | | 비고 |
|---|---|---|---|---|---|---|---|
| | | 음식 | 도소매 | 서비스 | 제조 | 기 타 | |
| 2009년도 | 13 | 4 | 6 | 3 | − | − | 전문기관과 연계 실시 |
| 2010년도 | 14 | 10 | 1 | 1 | 1 | 1 | |
| 2011년도 | 10 | 4 | 2 | 3 | 1 | − | 자체 실시 |
| 계 | 37 | 18 | 9 | 7 | 2 | 1 | |

※중소기업청 산하 소상공인진흥원의 '자영업 컨설팅 지원제도'와 연계하여 지원

⑩ 무료 창업 및 경영 교육 지원 사례

A. 주요 교육 내용
■창업시장 현황과 전망 & 창업자(경영자)의 자세와 리더십(50분)
■점포 입지 및 상권 분석 요령(50분)
■사업계획서 작성 및 손익분기점 산정 요령(50분)
■홍보 및 마케팅 전략 방안 (50분)
■대고객 서비스와 응대 요령(50분)

## B. 교육 실적(단위 : 명)

| 구분 | 2009년도(월/일) | | | | | 2010년도(월/일) | | | | | | 2011년도(월/일) | | | | |
|---|---|---|---|---|---|---|---|---|---|---|---|---|---|---|---|---|
| | 6/30 | 6/27 | 11/7 | 12/7 | 12/28 | 5/26 | 6/29 | 8/28 | 10/28 | 12/9 | 12/30 | 2/17 | 3/28 | 4/28 | 6/10 | 7/28 |
| 교육인원 | 20 | 25 | 35 | 38 | 15 | 40 | 16 | 35 | 35 | 15 | 12 | 10 | 25 | 15 | 15 | 10 |
| 소계 | 5회/133 | | | | | 6회/153 | | | | | | 5회/75 | | | | |
| 총계 | 16회/361 | | | | | | | | | | | | | | | |

※교육일시 : 교육일 13 :00~18 :00/장 소 : 해피월드복지재단 자체 교육장

## 〈참고자료〉

1. '거꾸로 가는 국민기초생활보장제도, 무엇이 문제인가' 토론회 자료
   (기초법개정공동행동, 한국뇌병변장애인인권협회 등 공동주관)
   2012. 3.

2. '마이크로 크레디트' 방글라데시 그라민은행 〈무하마드 유누스 총재〉
   방한 인터뷰 기사 자료. 2007. 09

3. '서민금융을 통한 빈곤퇴치, 자활, 마이크로 크레디트 활성화 방안'
   정명기(사단법인 한국마이크로파이낸스협의회 대표) 2012. 3.

4. '사회적 기업과 일자리 창출전략 : 사회적 일자리정책을 넘어서'
   한상진(울산대학교 사회학과 교수) 2010. 10

5. 보건복지부 홈페이지(http://www.mw.go.kr) 및 관련 자료

6. 고용노동부 홈페이지(http://www.moel.go.kr) 및 관련 자료

7. 미소금융중앙재단 홈페이지(http://www.smilemicrobank.or.kr)
   및 관련 자료

8. 한국사회적기업진흥원 홈페이지(http://www.socialenterprise.or.kr)
   및 관련 자료

9. 경기도 웹진(http://gihe.gg.go.kr) 및 관련 자료

10. 사회복지법인 해피월드복지재단 홈페이지(http://happyworld.asia)
    및 관련 자료

# 제6장

# 고령사회와 Senior Community Center

# Chapter 06

# 고령 사회와
# Senior Community Center

이 호 경
(파주시노인복지회관 관장)

## 1. 여는 날

2000년에 이미 고령화 사회로 접어들어 고령사회를 향하고 있는 우리나라는 지금 사회전반에 걸친 변화물결에 쌓여 큰 혼란과 고통을 겪고 있다. 1997년 IMF, 2010년 경제위기, 저출산 고령사회 도래 등 그동안 겪어보지 않은 새로운 변화로 다행히 온 국민의 힘으로 경제위기를 슬기롭게 헤쳐 나가고 있다는 외국 언론들의 희망적인 평가를 받고 있지만 자살률 증가, 노숙인 문제, 양극화의 심화 등 늘어나는 사회적 갈등은 우리에게 꽤나 혹독한 시련의 굴레로 다가오고 있다.

고령사회 우리나라 노인문제는 이제 더 이상 자신이나 가족의 노력만으로는 해결할 수 없는 사회적 문제로 대두되고 있어 우리 모두가 책임성을 가지고 함께 풀어가야 할 과제라고 생각한다. 이러한 문제해결에 민·관이 따로 있을 수 없다. 정부와 기업, 민간 사회단체, 종교단체 나가서 국민 모두가 힘이 된다면 참여하여 최선의 노력을 다해야 하는 책무가 있다고 생각한다.

일반적으로 "사회복지는 인간의 행복을 추구하는 모든 사회적 노력이다. 여기서 '사회적'이란 국가(정부)나 민간단체를 포함시킨 광의의 개념이다."라고 박종삼 교수는 말하고 있다(1998년 9월 새문안교회 주최 제 35회 언더우드 학술강좌 "사회복지와 교회의 역할"). 또 기독교 사회복지는 "지역사회 내의 사회문제를 교회의 선교적 출발점으로 받아들이고 교회가 주체가 되어 사회복지(봉사)의 프로그램을 기독교적 관점에서 실천하는 것"이라고 1997년 3월 숭실대학교에서 열린 1차 기독교 사회봉사연구협의회 세미나에서 정의된 바 있다.

최근 보도에 의하면 우리나라 사회복지수준은 OECD 회원국 중 우리보다 국민소득이 낮은 국가보다 뒤져 있어 경제발전 목표를 의심하게 한다. 더구나 사회복지를 국가적 차원의 이념과 사업으로 생각하는 선진국과는 달리 개인의 책임으로 간주하여 시장의 논리에서 벗어나지 못하는 우리나라의 복지정책은 경제발전에 비해 워낙 낙후되어 있다. 한국교회는 성장 제일주의로 인한 교회의 대형화 추구로 이웃에 대한 무관심, 개교회주의 성향과 개인구원적 신앙 형태로 사회적 비판의 목소리가 높아진지 오래이다. 그렇지만 다행히도 최근 우리 교회와 같이 섬김과 나눔이 신앙의 주변적 행위가 아니라 삶 자체라는 인식으로 사회복지에 대한 참여가 점차 확산되고 있는 것은 매우 바람직한 현상이라 하겠다.

발표자가 경험한 그 동안의 사회복지 실무 현장을 생각할 때 교회의 사회복지 실천은 현재 당면한 기독교에 대한 비판과 미래교회 문제의 해결대안이 될 수 있다고 감히 이야기하고 싶다. 아울러 이것을 통해 교회가 우리 사회를 견인해 갈 수 있는 좋은 방안이라고 생각하여 필자가 출석하는 거룩한빛광성교회의 노인복지 실천사례를 함께 나누며 바람직한 기독교(종교) 사회복지 실천 과제를 모색해 보고자 한다.


## 2. 한국사회변화와 교회

우리나라는 1960년대 이후 지속적인 경제성장에 힘입어 1980년대 후반에는 전 국민의료보장, 국민연금제 도입과 함께 1990년대 고용보험, 2000년대 노인장기요양보험에 이르기까지 사회 보장 부문에도 괄목할 만한 발전을 가져왔다. 그러나 아직 저소득층, 노인, 장애인, 요보호아동 등 사회 취약계층을 위한 공적 부조와 사회복지 서비스는 OECD회원국 중 하위그룹에 속해 국가발전 수준에 부응하지 못하고 상대적으로 낙후되어 있어 부끄러움을 자초하고 있다고 한다.

우리나라 사회복지제도를 공적 부조 및 사회복지 서비스 분야에 국한하여 개략적으로 살펴보면 사회복지 서비스 전달체계의 미비로 공공복지 전달체계가 매우 취약하고 민간자원의 발굴, 육성, 활용체계가 확립되어 있지 않아 지역사회 주민의 사회복지 참여가 미흡한 실정이며 또한 생계보호 수준이 최저생계비 수준에 크게 미달하고 자립지원시책의 실효성도 낮은 실정으로 저소득층에 대한 생계보호 및 자립지원시책이 미비하다고 생각한다. 그동안의 우리나라 사회복지 서비스

제도는 사회 취약계층을 중심으로 시설수용보호, 물질적 급여 위주의 서비스를 제공하는 등 서비스의 대상 및 내용이 한정되어 왔다고 생각한다.

특히 노인복지는 고령사회의 길목에 있는 우리나라에 있어 매우 긴요한 상황임에도 정책 집행자들이 아직도 잔여적인 서비스 사고를 벗어나지 못하고 있고 너무나도 피동적인 접근에 크게 낙담하고, 안타깝고 답답한 마음이라 실무자로 늘 동분서주하지만 고령 사회를 향해 가는 우리 사회에 결코 적지 않은 문제를 유발할 수 있으므로 우리는 이러한 기회를 잘 활용할 수 있는 지혜와 의식전환이 필요하다고 본다.

필자는 우리나라 노인복지관의 짧은 역사에서 현장 실무자로 근무를 하면서 십수 년을 넘게 교회와 사회복지에 관심을 두고 일을 하고 있다. 1995년 녹번종합사회복지관 개관(위탁법인:서울 YMCA)을 시작으로 1998년 양천노인종합복지관 개관(대한예수교장로회 목민교회), 2002년 동대문 노인종합복지관 개관(대한예수교장로회 동안교회), 2005년 현재의 파주노인복지관을 개관(대한예수교장로회 거룩한빛광성교회)해 운영하고 있다. 신앙인으로서의 삶을 고민하며 사회복지를 시작한 발표자가 교회가 법인인 복지관을 위탁해 운영하면서 가장 많이 고민을 해 왔던 것은 '어떻게 하면 교회가 지역공동체로서 지역사회와 함께 발전을 모색해 갈 수 있을까?' 하는 이웃 사랑의 실천문제였다.

이러한 의미에서 필자는 오늘 날 교회가 지역사회를 돌아보아야 하는 것은 예수님께서 말씀하신 '하나님 사랑과 이웃 사랑' 가운데 하나인 이웃 사랑 실천이며 사회구원으로서 교회가 사회복지를 실천해야 할 가장 큰 명분의 당위성을 가진다고 할 수 있을 것이라고 생각한다.

필자는 그 동안 실무자로서, 또 신앙인으로서 노인복지를 실천해 왔던 두 가지를 관점을 짚어하고자 한다.

첫째, 교회는 기독교 본질로서 지역사회를 위한 사역을 해야 한다. 큰 교회든 작은 교회든 교회라면 당연히 지역사회를 위해서 크면 큰대로 작으면 작은대로 교세에 맞는 일을 찾아 개인구원만이 아닌 사회구원을 위한 노력을 해야 한다.

둘째, 사회구원을 위한 교회(종교) 사회복지의 전문성을 확보해야 한다. 즉 교회가 사회복지를 실천함에 있어 다양한 형태의 접근방법이 있겠으나(타종교도 거의 비슷하다고 생각됨) 어떤 것을 택하든 교회 사회복지를 위한 전문성을 확보해야 한다.

## 3. 고령화 사회와 노인문제

코피 아난(Kofi Annan) 전 유엔사무총장은 유엔 제2차 세계노령화 회의에서 "인구고령화의 급속한 진전은 시한폭탄이 되고 있다."는 표현으로 세계인구고령화에 대한 충격의 심각성을 고백했다. 특히 《인디펜던트》지 경제부장을 지냈던 폴 윌리스(Paul Wallice)는 그의 저서 『증가하는 고령인구, 다시 그리는 경제지도』에서 "베이비붐 세대가 퇴직하는 2020년께 서방경제가 고령화 충격으로 근본부터 흔들릴 것이며 그 강도는 리히터 지진계로 9도에 이를 것"이라고 예측하며 고령화에 따른 문제의 심각성을 말하고 있다.

그러나 실로 안타까운 것은 사정이 이러한데도 불구하고 '사회복지 실천에 대한 정부의 참된 의지가 있는가?' 하는 의구심을 갖지 않을 수 없다. 우리가 원하든 원하지 않든 이미 우리 사회는 사회복지는 사회변화와 함께 복지 욕구의 확대는 물론 다양성에 복잡성까지 요구되는 시대에 살고 있고, 더구나 사회복지(노인복지)에 대한 중요성은 이미 지난 1997년 IMF 때 충분히 경험했음에도 불구하고 미온적인 대처를 함으로써 결과적으로 오늘날 양극화를 더욱 심화시키고 있다는 사실이 지금의 우리 처지라고 하겠다.

2010년에 발표된 보건복지부 통계를 보면 우리나라의 65세 이상 노인인구는 약 535만 명으로 전체인구의 11%에 해당한다. 이미 2000년에 고령화 사회(aging society)가 된 우리나라는 일본과 미국, 독일, 스웨덴 등 선진국에 비해 아직 젊은 나라에 속하는 편이나 산업화, 의료기술의 발달에 따른 수명연장으로 노인인구 증가는 빠른 속도로 높아져 연평균 3.5% 증가율로 2019년에 731만 명으로 14.4%, 2026년에는 1,021만 명인 20.8%로 전망되고 있다.

노인인구 증가는 연금, 의료, 사회복지 서비스 등에서 사회보장급여비의 지출 곧 국민 전체의 부담의 증가를 예상할 수 있으며 노인 부양에 대한 사회적 부담율을 나타내는 노인부양지수의 증가 현상으로 설명되어질 수 있다. 하지만 무엇보다 고령사회 노인문제는 우리가 흔히 이야기하는 4 중고로 경제적 어려움, 건강 보호의 어려움, 역할 상실과 여가선용, 고독과 소외 및 갈등 문제를 말할 수 있다.

* 고령사회 시책방향

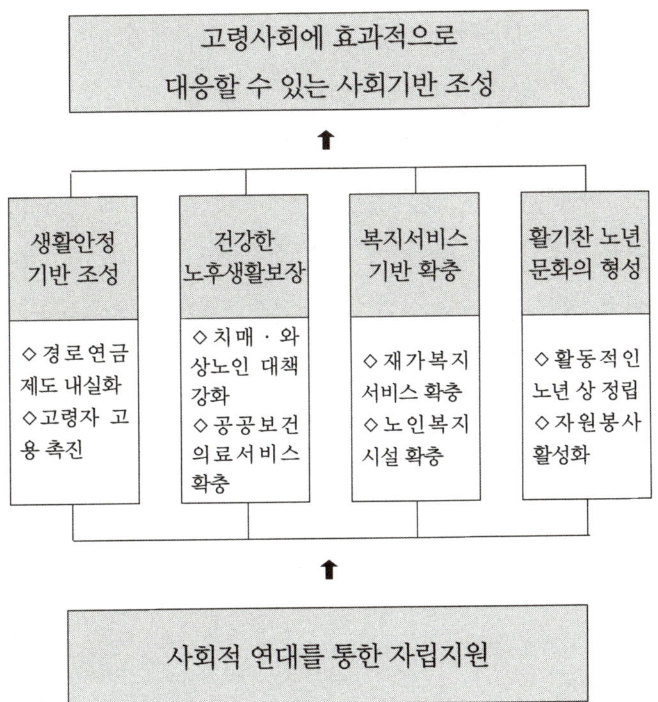


## 4. 노인복지 실천사례

거룩한빛광성교회는 1997년 1월 9일에 설립된 대한예수교장로회 통합재단으로 고양시 일산구 일산4동 1140번지에 개척교회로 출발해 2005년 8월 일산서구 덕이동 316-1 현재 위치로 옮겨 2012년에 15주년을 맞았다. 출석 교인이 10,000여 명이 넘는 대형 교회로 성장한 본 교회는 당회장인 정성진 목사께서 "하나님 사랑과 이웃 사랑"의 목회 비전을 설정하고 개인구원과 사회구원이라는 두 날개의 조화로운 목회철학으로 주님의 말씀을 실천하고자 개척 초기부터 미자립교회 지원과 교회개척은 물론 문화센터, 청소년쉼터운영 등 주민생활에 밀접한 활동으로 지역사회봉사를 위한 프로그램을 실시해 왔다. 2005년부터는 체계적인 복지사업을 위해 파주노인복지관을 수탁하고 또 광성노인요양홈, 노인주간보호 사업과 2011년에 문산종합사회복지관을 수탁하여 지역사회복지를 실천하고 있다. 2007년에 설립된 사회복지법인 해피월드복지재단은 사회복지사업법 16조에 근거하여 설립한 법인으로 나눔, 섬김, 봉사의 기독교정신을 바탕으로 가난하고 소외된 이웃을 도움으로서 지역사회발전에 기여함으로써 주민의 생활을 향상시키고 복음을 전파하여 지역주민과 교회가 함께 공존하여 살아가도록 함으로써 하나님의 나라를 이 땅에 구현하도록 하는 데 있다고 할 수 있다.

### 1) 파주시노인복지관 운영현황

#### ① 운영목적

파주시노인복지관은 교회가 지역사회를 위하고 어려운 주민과 함께 해야 한다는 기본이념을 토대로 대한예수교장로회 거룩한빛광성교회의 해피월드복지재단이 파주시로부터 수탁을 받아 기독교 사회복지실천을 위해 섬김과 나눔을 실천할 수 있는 기관임을 깊이 인식하고 거룩한빛광성교회가 꿈꾸고 있는 비전인 '섬기는 교회, 인재를 양성하는 교회, 상식이 통하는 교회'의 사명에 부합할 수 있도록;

첫째, 지역노인의 지속가능한 생활속의 사회복지를 실천함으로써,

둘째, 공동사회의 가치를 추구해 나가며

셋째, 참다운 기독교 사회복지의 정립을 위해 노력하는 복지관으로서

넷째, 전문적이고 과학적인 서비스를 추구한다.

또한 이를 위해서 공공과 민간이 상호협력의 파트너십을 형성하여 지역의 건강노인이나 사회 적응 곤란을 겪는 대상노인에게 적합한 양질의 서비스를 제공하여 편안하고 행복한 노후생활이 될 수 있도록 도와 교회와 지역사회가 함께 성숙해 가는 지역사회 복지·문화 공동체를 정착시켜 나아가는 것이다.

A. 지속가능한 생활 속의 사회복지 실천

우리 사회는 정치, 경제, 문화, 교육 등의 추구하는 입장에 따라 미시적인 차이는 있다 할지라도 거시적으로 지향하는 최종적인 목표가 삶의 질 향상에 있다고 할 수 있다. 따라서 사회복지라고 하는 특별히 구분된 복지를 제공하는 것보다 일상생활 속에서 지속가능하게 실천되는 보편적인 복지를 만들기 위해 사회복지의 개념을 새롭게 정의해야 할 필요가 있다. 그 위에 지평을 넓혀 가는 복지관의 위상을 확고히 하며 진정한 사회복지의 가치를 위해 고민하는 복지를 만들어 낸다. 즉 일반 시장경제 하에서 지역사회 노인에게 지속가능한 생활속의 사회복지 실천이 이루어지며 전문적 지식과 자원을 활용하여 복지를 실천해 나간다.

B. 공동사회의 가치 추구

복지관은 자본주의 사회의 제도적 병폐인 개인자본주의의 보완적 의미로서 공동사회의 가치를 중시해 이를 실현해 삶의 영역 속에 사회복

지가 확장되며 복지가 스며들어 보통의 삶을 통해 사회통합이 구현되는 사회를 이루기 위해 노력한다. 또한 보통의 사람들이 이용하는 모든 서비스와 제도가 장애인, 노인 등 사회적 약자들까지 수용할 수 있는 사회(Normalization), 더불어 함께하는 보편적 복지서비스의 사회를 지향하는 데 힘쓴다. 즉 사회복지 전달체계로써 특별한 방법으로 해결하기보다는 가급적 생활 속에서 자연스럽게 해결되어지는 복지를 추구한다.

### C. 기독교 사회복지 정립

기독교 사회복지는 하나님을 믿는 신자들이 말씀에 순종하여 하나님의 가르침을 세상에 전파하고 실천해 나아가는 기독교인들의 체계적인 노력이다. 그러므로 교회가 사회복지기관은 아니지만 사회복지는 교회가 기본적으로 수행해야 할 의무와 사명으로 당위성을 인정하여 사회복지의 본질을 충분히 인정하되 최종적인 목표는 영생을 인도하는 구원으로 귀결되도록 하는 것이다. 즉 서비스 제공현장에서는 서비스를 제공하는 실무자와 서비스를 받는 대상자는 관계여부에 따라 너무나 큰 차이의 변화를 갖게 되므로 자신의 사회복지 철학을 정립하는 것이 무엇보다 소중하고 우선되어야 한다. 꿈을 갖되 무엇을 위한 꿈과 열정을 가져야 하는가? 기독교 사회복지 정립을 위해 끊임없이 연구하고 개발하고 자신의 일을 개선해 나가려는 의지가 있어야 한다.

### D. 전문적이고 과학적인 서비스 추구

지역사회 복지관은 전문인력에 의한 사업수행의 원칙, 기준시설 확보의 원칙, 인도주의와 수혜자 존엄유지의 원칙, 주민욕구와 지역사회 실정에 맞는 서비스 원칙, 치료 및 예방사업 병행의 원칙, 사업연계의 원칙, 지역사회 복지자원 활용의 원칙, 평가의 원칙에 의해 과업을 수행하는 복지기관으로서의 역할을 의미하는데, 노인종합복지관은 이러한 기본원칙을 가지고 서비스 대상 노인으로 하여금 성공적이고 건강한 노후생활을 성취하며 노인의 존엄성이 유지될 수 있도록 노인의 빈곤, 질병, 역할상실로 인한 소외와 고독을 극복하도록 지원하여 사회통합이 이루어지도록 전문적이고 과학적인 복지 서비스를 제공해야 한다.

② **사업추진방향**

A. 노인을 위한 자존감 및 정체성확보
B. 노인에 관한(사회통합)
C. 노인에 의한 (임파워먼트)

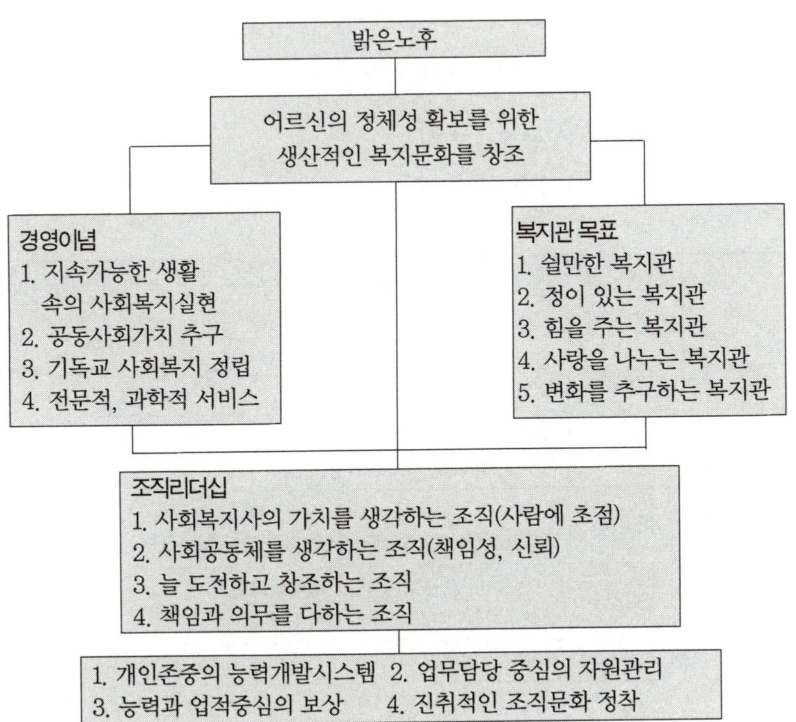

## ③ 시설현황

A. 시 설 명 : 파주시노인복지관

B. 시 설 장 : 이호경 (李 鎬 景)

C. 소 재 지 : 파주시 금능동 230번지 (금촌 제2택지개발지구 내 근린공원3)

D. 규 모 : 대지면적 10,020㎡(3,031평), 건축면적 4,180㎡(1,264평)

E. 건립주체 : 파주시청

F. 운영법인 : 사회복지법인 해피월드복지재단 (이사장 : 정성진 목사)

G. 설립근거 : (1) 노인복지법 제36조

　　　　　　 (2) 노인복지법시행규칙 제26조

　　　　　　 (3) 파주시노인복지회관 설치 및 운영에 관한조례

　　　　　　 (4) 사회복지법인재무회계규칙

H. 개 관 일 : 2005년 3월 4일

I. 시설현황 : 지하 1층 지상 3층

| 구 분 | 면 적(평) | 용 도 |
|---|---|---|
| 계 | 1,264.35 | |
| 지하1층 | 322.08 | 이·미용실, 카페, 체력단련실, 포켓볼실, 서예실, 회의실, 자원봉사자실, 기계실 |
| 지상1층 | 334.07 | 방송실, 다목적홀(전시실), 상담실, 로비 사무실, 관장실, 공동판매장 |
| 지상2층 | 324.95 | 물리치료실, 진료실, 세탁실, 주간보호실 프로그램실1,2,3, 다목적강당, 자살예방센타 |
| 지상3층 | 283.25 | 식당, 주방, 프로그램실2,3, 컴퓨터교육실 강사대기실, 총무과, 노인지회 사무실 |
| 옥상 | | 하늘터 휴게공간 |

## ④ 일반현황

A. 이용대상 : 파주시에 거주하는 60세 이상의 노인

　　　*이용 대상자의 배우자는 60세 미만일 때에도 이용가능

　　　*단, 장소 대관 시 일반인 포함


B. 이용시간

| 구　분 | | 시　간 |
|---|---|---|
| 3-10월 | 평　일 | 09:00~18:00 |
| | 토요일 | 09:00~13:00 |
| 11-2월 | 평　일 | 09:00~17:00 |
| | 토요일 | 09:00~13:00 |


C. 이용방법 : 회원등록 후 이용

　a. 복지관 내방상담 → 신청서, 서약서 작성 → 건강상담 → 회원증 발급

　b. 등록서류 : * 일반 어르신 : 신청서, 서약서, 주민등록증

　　　　　　* 국민기초생활수급대상자 : 신청서, 서약서, 주민등록증, 기초생활수급자 증명서 혹은 의료보험증 사본

　　　　　　* 주간보호 : 신청서, 서약서, 건강진단서, 주민등록증

D. 이 용 료

a. 프로그램 이용료

일반(실비), 국민기초생활수급대상자(무료)

| 사 업 명 | 이 용 료 | 비 고 |
|---|---|---|
| 경로식당 | 1회 2,000원 | |
| 미 용 실 | 퍼머 8,000원 / 커트 2,000원 | |
| 주간보호실 | 장기요양 보험실비 | 점심 포함 |
| 물리치료실 | 1회 1,000원 | |

* 상기 프로그램 외의 모든 프로그램은 전액 무료임.

b. 시설 사용

본 회관 시설을 사용하는 경우 조례에 의거 일정 기준의 사용료
를 납부해야 함

E. 주요사업

| 사업분야 | 서비스명 | 프로그램(내용) |
|---|---|---|
| 노인<br>상담사업 | 이용상담 서비스 | 초기 이용회원 상담 |
| | 길라잡이 서비스 | 회원증 발급 및 O.T(환영식) |
| | 생활상담 서비스 | 노인생활에 관한 전반적인 상담 |
| | 법률상담 서비스 | 법률관련 전문적인 상담 |
| | 특성화 서비스 | 귀농교육, '아름다운 유산 남기기' 캠페인 |

| 사업분야 | 서비스명 | 프로그램(내용) |
| --- | --- | --- |
| 노인<br>취업<br>알선<br>사업 | 홍보연구 서비스 | 구직홍보, 구인홍보, 사례집 발간 |
| | 교육훈련 서비스 | 취업전교육, 취업현장교육 |
| | 취업알선 서비스 | 구직자의 욕구와 구인처의 요구사항 조정 |
| | 취업확정 서비스 | 구직자와 구인처 간의 조정을 통한 취업확정 |
| | 구직관리 서비스 | 구직접수(등록), 구직상담, 사후관리 |
| | 구인관리 서비스 | 구인접수(등록), 구인상담, 구인처 개발, 구인처 관리 |
| | 일자리 창출 서비스 | 관내취업, 공동작업실 |
| | 특성화 서비스 | 지역특색사업(농장 등) |
| 노인<br>사회<br>교육<br>사업 | 시범운영 서비스 | 컴퓨터실, 서예실, 당구장, 탁구장<br>덩더꿍체조, 에어로빅, 노래교실, 민요교실, 건강강좌 |
| | 교양교육 서비스 | 교양강좌, 역사탐방, 한글강좌, 한문강좌, 영어강좌<br>일어강좌, 수학강좌 |
| | 건강증진 서비스 | 덩더꿍체조, 맷돌체조, 에어로빅, 재즈댄스, 한국무용<br>요가, 단전호흡, 수지침 |
| | 취미여가 서비스 | 한글서예, 한문서예, 종이공예, 전통매듭, 민요교실<br>장구교실, 노래교실, 사진교실 |
| | 자율활동 서비스 | 게임장, 당구장, 탁구장, 게이트볼, 동아리 활동 |
| 재가노인<br>복지사업<br>(가정봉사원<br>파견) | 사례관리 서비스 | 사례접수, 초기면접, 판정회의, 사례회의 |
| | 홈헬퍼 파견 서비스 | 모집교육, 홈헬퍼 파견, 홈헬퍼 간담회 |
| | 간병지원 서비스 | 병원동행, 방문물리치료, 방문진료(건강상담), 방문영양상담 |
| | 정서지원 서비스 | 심리재활(도우미 파견-말벗, 외출, 산책 등)<br>안부전화, 나들이(공연관람), 송년잔치 |
| | 복리후생 서비스 | 반찬지원, 간식지원, 세탁지원, 방문 이미용 |
| | 결연후원 서비스 | 후원자관리, 후원금(품) 지급 |
| | 특성화 서비스 | 주거환경개선사업 '사랑의 집수리 5형제'<br>나눔운동 '1포대(곡물/과일 등) 후원약정' |

| 사업분야 | 서비스명 | 프로그램(내용) |
| --- | --- | --- |
| 노인<br>주간보호사<br>업 | 상담 서비스 | 이용상담, 생활상담, 기타상담 |
| | 기능회복 서비스 | 재활체조, ADL, 재활치료, 음악치료, 원예치료<br>미술치료, 치료레크레이션, 요가명상 |
| | 사회교육 서비스 | 스포츠교실, 솜씨교실, 노래교실,<br>특별활동(요리/취미) |
| | 건강증진 서비스 | 건강체크, 상담검진, 물리치료, 한방치료 |
| | 복리후생 서비스 | 중식제공, 간식제공, 이미용, 송영제공 |
| | 특별행사 서비스 | 생신잔치, 나들이, 명절잔치, 송년잔치 |
| | 기타 서비스 | 가족모임, 간담회, 사례회의, 홍보안내 |
| 노인<br>경로당<br>활성화<br>사업 | 건강관리 서비스 | 건강상담진료, 영양상담, 물리치료 |
| | 여가관리 서비스 | 민요교실, 덩더꿍체조, 건강스트레칭 |
| | 생활관리 서비스 | 세탁지원, 이미용, 경로당환경개선, 후원물품지원 |
| | 특별행사 서비스 | 임원진 나들이, 경로당잔치, 야외나들이 |
| | 경로당관리 서비스 | 사업홍보, 자원개발, 연구조사, 판정회의, 강사간담회,<br>임원진간담회 |
| 노인<br>복리후생<br>사업 | 이미용 서비스 | 어르신 커트/파마 |
| | 셔틀버스운영 서비스 | 코스별 셔틀버스 운영 |
| | 식당운영 서비스 | 중식제공, 기호도조사, 영양교육홍보, 영양상담,<br>위생관리, 전문교육 |
| | 매장운영 서비스 | 카페, 노인용품 전문매장 |
| 노인<br>건강지원<br>사업 | 물리치료 서비스 | 물리치료, 방문물리치료, 재활상담 |
| | 건강증진 서비스 | 건강진단, 양방진료, 한방진료, 방문진료, 체력단련실<br>의료봉사단, 캠페인(건강생활 '금연' 캠페인) |
| 정서<br>함양<br>사업 | 주인의식함양 서비스 | 운영간담회, 강사간담회 |
| | 특별행사 서비스 | 생신잔치, 어버이날 행사, 한가위 행사, 예술제,<br>노인의날 행사, 송년행사 |

| 사업분야 | 서비스명 | 프로그램(내용) |
| --- | --- | --- |
| 노인 자원<br>봉사육성<br>사업 | 자원봉사관리 서비스 | 홍보모집, 자원봉사교육, 자원봉사관리, 송년행사 |
| | 봉사단 서비스 | 단원모집, 단원관리 |
| 노인<br>지역복지협<br>동<br>사업 | 홍보 서비스 | 기관홍보, 홈페이지구축관리 |
| | 연구출판 서비스 | 조사평가, 출판사업 |
| | 자문회의 서비스 | 자문위원회, 지역주민 간담회 |
| | 연수교육 서비스 | 직원교육, 직원연수, 해외연수, 실습지도 |
| | 후원 서비스 | 후원자개발, 후원자관리, 사업공모 |
| | 특별행사 서비스 | 개관행사 |

# 5. 맺는 말

앞으로 다가올 21세기의 노인문제는 더 이상 노화현상에서 오는 신체적 육체적 불편함이나 어려움보다는 사회구성원으로의 인간 삶의 기본적 생활을 생각해야 하는 문제로 뉴 패러다임의 새로운 사고를 가지고 창출되어져야 한다. 사회복지는 사람이 사람을 세워가는 사람 중심의 중요한 일이기에 우리 사회 구성원 모두가 책임감을 가지고 끊임없이 고민하고 연구해야 하는 과제로 다가가야 한다. 한국 노인의 15% 정도가 이용한다는 노인복지관은 어찌 보면 노인문화를 고스란히 반영하는 장소라고 본다.

현재 전국에는 270여 개의 노인복지관이 있는데 앞으로 고령화의 진행과 함께 복지관은 더욱 늘어날 것이다. 많은 사람들이 이제 우리 사회에서 먹는 문제에 관해서는 어느 정도 해결이 되었다고 말하며  다가올 선진사회를 갈망하고 있다. 그러나 진정한 선진국으로의 진입은 앞으로 우리 사회가 지향해 나아가야 할 가치가 무엇인지? 철학이 무엇인지? 어떤 비전을 가져야 하는지를 전 사회적으로 정말 심각하게 고민하며 국민적인 가치합의를 도출해내야 한다. 경제성장을 최우선으로 한 지난 30년 동안 발전과정에서 형성되었던 산업 패러다임은 다음과 같은 문제점을 가지고 있다고 한다.

첫째, 개인이 사회에 봉사할 수 있는 기회를 마련하는 데 실패했다. 따라서 사회봉사 정신을 소멸시켜 버렸다.

둘째, 정의와 권력의 공정한 분배를 이룩하는 데 실패함으로써 빈부격차를 심화시켰고 특정개인이나 집단에 권력이 집중되는 현상을 가져왔다. 이러한 결과는 일반 대중의 희생을 가져왔다

셋째, 사회적 책임과 시민정신을 불러일으킬 수 있는 비전과 목표를 설정하는 데 실패했다. 따라서 일반대중은 미래지향적이지 못하며 자신에게 주어진 시민적 책임을 회피했다.

넷째, 책임 있는 기술공학 관리체제를 마련하는 데 실패했다. 이러한 실패는 충격적인 대형안전사고를 촉발시키고 있다.

다섯째, 환경을 보존하는 데 실패했다. 따라서 이러한 결과는 전국을 황폐하게 했다.

따라서 우리 사회가 이와 같은 기존의 산업 패러다임 문제들을 극복하고 새로운 패러다임을 창출하기 위해서는 먼저 우리 사회의 새로운 가치관의 창조가 필요하며 철학과 비전이 세워져야 한다.

흔히 말하는 1960년대 보릿고개에서 엄청난 발전을 이루어냈지만

한편 발전 과정에서 잃지 말아야 할 소중한 것들을 잃어버렸으며, 그것이 주는 폐해로 인해 얼마나 많은 국력이 손실되고 얼마나 많은 에너지를 낭비하고 있는지 생각해 보아야 한다. 한국교회 역시 이제 교회가 영적 기관이므로 '사회복지가 감당해야 할 사업인가? 아닌가?' 하는 논란보다 개신교 이래 현재에 이르기까지 질적 성장보다는 양적인 성장을 추구해 왔다는 데 대해 자기반성을 통해 냉철히 돌아 봐야 할 시점이라고 생각한다.

서두에 언급했듯이 교회 역시 사회적 책임을 감당해야 할 의무, 아니 사명이 있다고 생각한다. 모든 계명은 "하나님 사랑과 이웃 사랑"의 말씀으로 요약될 수 있으며, 이것이 기독교사회복지의 가치기반이고 지식기반이며 진정한 하나님 나라의 완성이라 할 수 있을 것이다(눅 10:25-27). 결론적으로 오늘날의 사회복지가 하나님 사랑과 이웃 사랑의 기독교사회복지 실천 근거로서 인식해 "교회는 어떻게 감당해야 하는가?"에 대한 답을 찾아야 한다고 본다. 교회가 사회복지를 실천함에 있어 운영법인에 따라 다양한 형태의 접근방법이 있겠으나 크고 작고에 관계없이 사정에 따라 지역사회와 함께 갈 수 있는 인식과 노력이 필요하다고 생각한다.

# 해피월드복지재단 현황

1. 설립근거 : 사회복지사업법 제16조

2. 설립목적 : 나눔, 섬김, 봉사의 기독교 정신을 바탕으로 사회복지사업법 제2조에 의한 사회복지사업을 수행함으로써 가난하고 소외된 이웃, 지역사회, 국가, 나아가 인류 복지 증진에 이바지함을 목적으로 거룩한빛광성교회에서 20여억 원의 재산을 출연하여 설립.

# 3. 주요연혁 :

| 연 도 | 활 동 내 용 |
|---|---|
| 2007 | 거룩한빛광성교회 20억 원 재산출현 |
| | 10월 / 사회복지법인 광성복지재단 설립허가 |
| 2008 | 02월 / 광성노인복지센터(재가노인복지시설) 개소 |
| | 03월 / 고양시와 노인일자리사업 수탁 |
| 2009 | 02월 / 해피월드복지재단으로 명칭 변경 |
| | 03월 / 고양시와 노인일자리사업 수탁 |
| | 04월 / 휴면예금관리재단과 복지지원사업 계약체결(15억 원) |
| | 06월 / 광성노인요양홈(노인의료복지시설) 개원 |
| 2010 | 02월 / 고양시와 노인일자리사업수탁 |
| | 04월 / 미소금융중앙재단과 복지지원사업 계약체결(28억 원 지원) |
| | 12월 / 미소금융중앙재단 우수복지사업자로 선정 국무총리 단체표창 수상 |
| 2011 | 01월 / 파주시 노인종합복지관 수탁운영 |
| | 04월 / 파주시 문산종합사회복지관 수탁운영 |
| 2012 | 02월 / 고양 · 파주지역 고등학생 50명 개인별 1백만 원 지원. 총장학금 5천만 원. |
| | 03월 / 법인소식지「해피월드」창간호 발간 |
| | |

# 4. 조직도

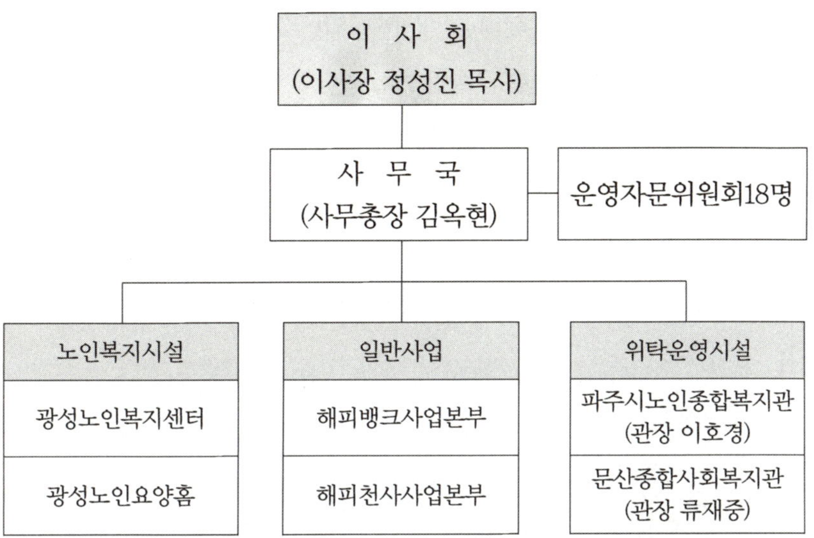



# 5. 주요사업 및 운영기관

## ○ 해피뱅크 사업본부

저신용, 취약계층 자립자활지원의 일환으로 금융기관의 금융 지원을 받을 수 없는 사람들을 대상으로 무담보, 무보증 소액 창업 대출을 해 줌으로써 자립, 자활할 수 있도록 지원함.

– 2011년 7월까지 240건 43억 원 지원

○ 해피천사 사업본부

800여 명의 후원자들이 매월 후원해 주시는 후원금으로 사각지대
에 놓여 있는 분들에게 생계비, 병원비 등 긴급자금을 대출 또는
지원하여 위기상황을 극복하도록 함.
2011년 27건 6,880만 원, 2010년 25건 8,267만 원, 2009년 21건
4,479만 원


○ 광성노인복지센터 (재가노인복지시설)

• 주야간보호 : 장기요양 등급 1등급, 2등급, 3등급 어르신들을 주
  간에 보호하며 각종 서비스를 제공하는 사업. 정원 15명. 월-금
  08:30-20:00, 주말 09:00-18:00
• 방문요양, 목욕 : 재가어르신 가정에 요양보호사를 파견하여 노인
  의 일상생활에 필요한 각종 편의를 제공

○ 광성노인요양홈 (노인요양공동생활가정)

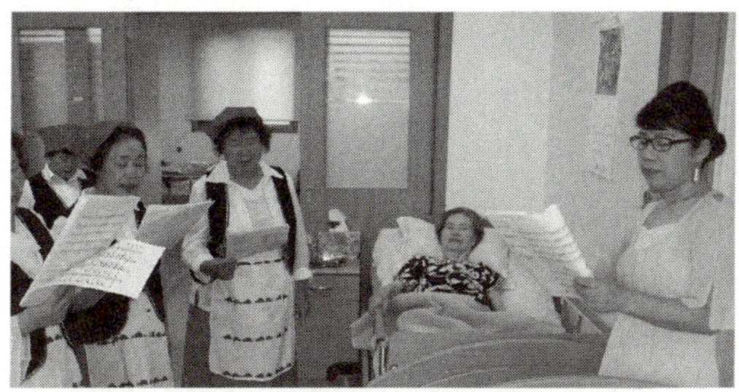

치매, 중풍 등 독립생활이 곤란한 장기요양 등급 1, 2등급 어르신
들을 가정과 같은 환경에서 24시간 보호함.  정원 9명, 종사자 6
명

○ 파주시노인종합복지관(2005년 3월 개관)

지역 내 노인을 대상으로 전문적인 노인복지프로그램을 제공하는
이용시설로써 1일 이용인원 1,500여 명. 부설 실버인력뱅크, 노인
주간보호센터, 파주시 남부무한돌봄네트워크팀 운영

○ 파주시문산종합사회복지관(2011.6월개관)

경기도 최북부지역에 위치한 종합사회복지관으로서 지역 내 아
동, 청소년, 성인, 노인 등 전주민들을 대상으로 다양한 프로그램
제공.
부설 노인주간보호센터, 장애인주간보호센터, 청소년문화의 집,
어린이집 운영